Klaus Peter Richter

Soviel Musik war nie

Klaus Peter Richter

Soviel Musik war nie

Von Mozart zum digitalen Sound
Eine musikalische Kulturgeschichte

Luchterhand

Die Deutsche Bibliothek – CIP-Einheitsaufnahme

Richter, Klaus Peter:
Soviel Musik war nie. Von Mozart zum digitalen Sound.
Eine musikalische Kulturgeschichte / Klaus Peter Richter. –
München : Luchterhand Literaturverlag, 1997
   ISBN 3-630-87989-6

1 2 3 4 5   99 98 97

© 1997 Luchterhand Literaturverlag GmbH, München
Satz: Wilhelm Röck, Weinsberg
Gestaltung: Katharina v. Uslar, Berlin
Druck und Bindung: Pustet, Regensburg
Alle Rechte vorbehalten
Printed in Germany
ISBN 3-630-87989-6

Inhalt

Teil I. Eine Bestandsaufnahme

Ouvertüre

»Ohne Musik wäre das Leben ein Irrtum«, schreibt Friedrich Nietzsche in den »Sprüchen und Pfeilen« seiner »Götzen-Dämmerung«.

Demnach würde unsere Zeit vor Wahrheit geradezu bersten. Der Komponist Dieter Schnebel stellt schon 1980 fest: »Überall Musik: in Kaufhäusern, Büros, Verkehrsmitteln, Herbergen und Toiletten, in jeder Wohnung, ja fast jedem Zimmer, im Freien ... Allenthalben Klangquellen.« Inzwischen, muß man hinzufügen, auch auf sämtlichen Kanälen einer multimedialen Welt, und von früh bis spät, in den Walkman-Ohren unserer Nachbarn, in den Warteschleifen unserer Telephonpartner, in den CD-Rom-Lexika der Bibliotheken. Und Musik natürlich auch in den Weihestätten unserer Hochkultur, den Konzertsälen, Opernhäusern und Philharmonien, aber auch in den Rockpalästen, Diskotheken und auf den Open-Air-Festivals. Ein akustisches Aktionsfeld, das uns alle Genres von Klassik bis Pop mit verwirrender Polyphonie mischt. Niemals war soviel Musik so leicht verfügbar: die Mönchslitaneien der Gregorianik, die Klangkathedralen der Notre-Dame-Schule und die Messen Palestrinas, apokryphe Lautentabulaturen, märchenhaft subtile Gamben-Consorts der elisabethanischen Zeit, die chromatischen Ekstasen Gesualdos oder die Madrigale Claudio Monteverdis, die mystischen »Rosenkranz Sonaten« Ignaz Franz Bibers und Bach ohnehin, längst als musikalischer »Zeitgenosse« eingebürgert und bis in die letzte, scharfsinnig rekonstruierte Note verlorener Werke vermessen und hundertfach eingespielt. Die englischen Virginalisten, Scarlatti, Soler, die französischen Clavecinisten? Gemeingut jeder seriösen Heimdiskothek! Ebenso wie – Helmut Krausser sei Dank – die Kenntnis

vom sagenhaften »Miserere« des Gregorio Allegri und natürlich der »Goldberg-Variationen«. Selbstverständlich die
Wiener Klassik in allen Varianten, vergessene Opera seria
des 19. Jahrhunderts von Saverio Mercadante bis Simon
Mayr und entlegene Spätromantik von Franz Schreker bis
Karl Goldmark. Und natürlich die nahen und ferneren
Zeitgenossen, von Hindemith bis Henze, von Nono bis Ligeti, von Stockhausen bis Charles Ives und Cage. Daneben
immer öfter exotische Spezereien aus dem Theatrum mundi
der lustvoll konvergierenden musikalischen Weltkulturen:
indische Sitarklänge, arabische Oud-Musik und die hitzi-
gen Percussion-Patterns des afrikanischen Ethno-Jazz.
Ein Schlaraffenland der Musikkultur oder nur der Triumph
von Kommerz und Betrieb? Wunderbare enzyklopädische
Fülle oder bloß ein Ausverkauf akustischer Konsumgüter
auf dem blühenden Medien-Jahrmarkt?
Eines ist es bestimmt: eine schwer durchschaubare Gemen-
gelage der Ton-Künste, in der sich fernste Historie und be-
rechnender Kulturbetrieb, elitärer Starkult und profanes
Marketing, alte Rituale und modernes High-Tech verwirrend mischen. Ein Umschlagplatz schnell wechselnder Moden, der unter den Bedingungen des internationalen Me-
dien-Supermarktes zwischen ästhetischen Ideologien und
kommerziellen Strategien bengalisch changiert.
Waren Liedmatineen von Dietrich Fischer-Dieskau oder
Cecilia Bartoli noch vor kurzem Inbegriff exklusiver Hochkultur, so sind es jetzt die geballte Belcanto-Allianz von Pavarotti, Carreras und Domingo in Open-air-Stadions mit
anschließendem Galadinner oder Schuberts »Winterreise«
aus der ekstatischen Kehle eines Countertenors. Hatten wir
nach dem großen Chorklang von Karajan, Karl Richter
oder Helmuth Rilling in Bachs Passionen die Kammerbeset-
zungen von Leonhardt, Norrington oder Hogwood ent-

deckt, so werden wir jetzt hart mit dem akustischen Bonsai eines Rifkin, Parrott oder Herreweghe konfrontiert. Trugen wir normativen Mozart-Klang von Bruno Walter, Ferenc Fricsay oder Karl Böhm in Herz und Ohr, so belehrte uns bald die rauhe »Klangrede« von Nikolaus Harnoncourt nachdrücklich eines akustisch Besseren. Aber kaum daran neu sensibilisiert, finden wir den Umstürzler Arm in Arm mit den Berliner Philharmonikern bei Mendelssohns »Schöner Melusine«, den Vierten Sinfonien von Schubert und Schumann und sogar der »Fledermaus« auf den ausgetretenen Wegen der Romantik. Es bleibt offen, ob dies endlich jene Hochwege sind, für welche die spektakulären Umcodierungen der Bach-Passionen vielleicht nur Umwege waren. Genossen wir früher, eher verschämt, Vivaldis »Jahreszeiten« als spritzige Unterhaltung im hehren Bezirk des italienischen Hochbarock, so pfeift inzwischen ein punkiger Nigel Kennedy mit ungeniertem *pop-swing* auf unser ästhetisches Duckmäusertum. War manchen Bachs d-Moll Toccata zwischen schmissigem Drive und ernster Kirchenorgel eher unheimlich, so nimmt uns Geigenteenie Vanessa Mae mit laszivem Ton im feuchten Badedreß jede Scheu: Es ist einfach ein *Hit*, nur etwas älter. Fühlten wir uns womöglich fremd im spröden Klangbezirk der Notre-Dame-Schule, so animiert uns jetzt das jazzige Saxophon von Jan Garbareck: das erhabene »Offizium« — flotte Musik für dich und mich. Mußten wir früher die unwirtlichen Längen sinfonischer Epik ertragen, um die Glanzlichter aus dem musikalischen Poesiealbum unserer Erinnerung zu hören, so hilft uns jetzt ein Klassik-Sender mit einem bunten Strauß schöner Stellen, oft ohne störende Ansagen. Waren die Salzburger Festspiele bis Gérard Mortier Weihestätte abendländischer Spitzenkultur, genial vereint mit Starkult, Hochprestige und mondänem Medienkommerz, so wird

das vielleicht bald Baden-Baden mit neuen Fest-Tempel-
bauten sein, während an der Salzach Ligeti, Messiaën,
Schönberg und Berg triumphieren.
Hatten wir schließlich nach der Zweiten Wiener Schule,
nach Stockhausen, Boulez und Nono, intellektuell bestens
abgesichert durch Adorno oder Dahlhaus, noch geglaubt,
den gesetzmäßigen Gang der Musikmoderne zu kennen, so
staunen wir heute darüber, daß Avo Pärt und Henryk Miko-
laj Górecki oder die »Jazz Suite Nr. 2« von Dimitri Schostakowitsch die heimlichen Bestseller der Moderne sind. Nicht
zu reden davon, daß die CD »Die besten Werke des gregorianischen Gesangs« eines spanischen Benediktinerchores
1994 die Hitparaden der ganzen Welt erstürmte und davon
in zwei Jahren vier Millionen Stück verkauft wurden.
Man faßt es kaum – ein Rückfall zu primitiven, langsam bewegten Klangflächen, verbrauchten Harmonien, vergesse-
nem Melos und längst erledigten tonalen Banalitäten. Saß
manchem von der letzten Darmstädter Arbeitstagung »Musik und Technik« (1995) noch der Schreck akustischer Da-
tencontainer-Klänge tief im Ohr, so wehte von der Früh-
jahrstagung 1996 ein Jubilus auf die Improvisation herüber
samt dem Feldgeschrei »Aufstand gegen den Rationalismus
und Rückkehr zu den archaischen Wurzeln von Kunst«.
Vielleicht faszinieren viele die radikalen Umbrüche und
Grenzgänge als Pulsschlag der Moderne. Vielleicht sind einige verwirrt angesichts der Unübersichtlichkeit und Fülle.
Vielleicht aber macht sich mancher ernsthafte Sorgen um die
Wertbeständigkeit seiner Erfahrungen und der CD-Heimdis-
kothek. Das wäre jedenfalls eine gute Voraussetzung für eine
Exkursion in diese vielschichtige Landschaft unseres Mu-
siklebens. Man sollte allerdings weder vor Reflexion noch
Zumutungen zurückschrecken, resistent gegen herrschende
Tabus sein und offen für unvermutete Zusammenhänge.

1. Alt und neu

Alfred Einstein, berühmter Kritiker und Musikgelehrter im München und Berlin der dreißiger Jahre, äußert 1941:
»Ein Musiker, der erklärt, ihm genüge die Sprache Bachs oder Beethovens oder Wagners; ein Kritiker, der sich als Wächter der Vergangenheit etabliert, um mit ihrer Erbschaft Gegenwart und Zukunft totzuschlagen, möge ruhig zum alten Eisen geworfen werden ...«
Das war kein blindes Fortschritts-Credo, sondern Bekenntnis zum Existenzrecht der Gegenwart. Tatsächlich ist die »Moderne« als selbstverständliche Ausdrucksform der Gegenwart überall präsent – in Technik und Naturwissenschaft ohnehin, aber auch in unseren ästhetischen Bedürfnissen: Das wiederkehrende Ritual der Kasseler »Documenta« belegt es ebenso wie die Karriere von Anselm Kiefer oder Gerhard Richter in den wichtigsten Sammlungen der Alten und der Neuen Welt, Hans Holleins Haas-Haus im Herzen Wiens oder Renzo Piano am Potsdamer Platz in Berlin, das Theater von Heiner Müller, Thomas Bernhard oder Elfriede Jelinek, die Scharmützel um Günter Grass' »Weites Feld« oder Peter Handkes elegische Ausflüge auf den geschundenen Balkan.
Auch in der Musik, dieser sonderbaren Kunst aus Zeit- und Klangfiguren, gibt es eine fraglose Moderne. Gewiß dort, wo sie als akustische Tapete der »U-Musik« die Emotionen für alle Lebenslagen streichelt oder das Lebensgefühl einer Generation artikuliert: von Frank Sinatra bis Tina Turner, von Bruce Springsteen bis Heino.
Das ist ebenso Gegenwart wie die Musik von Stockhausen, Henze, Cage oder Rihm, wie die etablierte »Musica viva«-Reihe und die Biennalen in Venedig oder München, wie die Wiener Festwochen und die Avantgarde von Darmstadt

oder Donaueschingen oder der inoffizielle Nobelpreis des
Metiers, der Siemens-Musikpreis für Helmut Lachenmann
(1997). Nur: Wer war schon in Lachenmanns erster Oper,
wer hat die CD mit den zwölf Präludien von Sofia Gubaiduli-
na zu Hause? Wer bemerkt ein lokales Gastspiel des »Ensemble Recherche« aus Freiburg mit Musik von Harrison Birtwistle, Wolfgang Rihm, Brian Ferneyhough, Arturo Tama-
yo, Peter Maxwell Davies, Nicolaus A. Huber und Klaus
Huber? Wer war in Luigi Dallapiccolas »Il Prigioniero«, obwohl dafür bei der Münchner Biennale mehr Freikarten ver-
schenkt wurden als verkauft? Warum mußte die Frankfurter
Oper »Al Gran sole« von Luigi Nono, das sein grandioser
Dirigent, Michael Gielen, für das wichtigste Opernwerk der
Zeit hielt, nach drei Aufführungen absetzen?
Peter Ruzicka, Intendant in Hamburg und Biennale-Chef in
München, gibt einen vorsichtigen Hinweis: »Neue Musik
hat nicht die gleiche Akzeptanz wie zum Beispiel neue Literatur.« Auch die Bildende Kunst scheint mehr Gegenliebe
zu finden; für den Bau einer neuen »Pinakothek der Moderne« in München sammelt man in wenigen Monaten 20
Millionen Mark an privaten Spenden ein.
Hängt das mit der Sensibilität unserer Ohren zusammen,
die Zeitdifferenzen bei Signalen von 1/200 Sekunden unter-
scheiden, während das Auge nicht über 1/24 Sekunde hinauskommt? Mit ihrer besonderen Stellung als Sinnesorgan
einer direkten Beziehung zu Gesamtnervensystem und
Empfindungssphäre? Mit ihrer singulären Rolle als »Mittler psychischer Phänomene schlechthin«, womit die Musik
zur »Darstellung des innern Wesens, des Ansich der Welt«
wird, wie Arthur Schopenhauer sagt und damit »der Komponist die tiefste Weisheit ausspricht, in einer Sprache, die
seine Vernunft nicht versteht«?
Die zehn meistgespielten Komponisten im europäischen

Konzertleben sind 1996: Beethoven, Mozart, Haydn, Schubert, Brahms, Ravel, Bach, Schumann, Tschaikowsky und Chopin.

Der Verband der deutschen Konzertdirektionen stellt folgende Liste der am häufigsten gespielten Werke des Jahres 1994 auf:

auf Platz 1 Mozart (Sinfonie D-Dur KV 385, die »Haffner«-Sinfonie), auf Platz 2 Brahms (Sinfonie Nr. 1 c-Moll op.68), dann wieder Mozart (Sinfonie D-Dur, KV 504, die »Prager«-Sinfonie). Es folgen Beethovens Konzert für Violine und Orchester D-Dur, op.61 (4) und die Sinfonie Nr. 9 d-Moll (5), Tschaikowskys »Pathétique« (6), auf Platz sieben wieder Mozart mit der »Jupiter«-Sinfonie, dann Brahms mit der Sinfonie Nr. 4 e-Moll (8), Beethoven mit der Sinfonie Nr. 4 B-Dur (9) und der Klaviersonate f-Moll, der »Appassionata« (10), Mendelssohn Bartholdy mit seinem e-Moll Violinkonzert (11) und auf Platz 12 mit der Sinfonie Nr. 4 A-Dur, der »Italienischen«, Strawinsky mit »Le Sacre du Printemps« (13), Tschaikowsky mit der Sinfonie Nr. 5 e-Moll (14), Mozart mit der Sinfonie g-Moll KV 550 (15), Brahms mit der Sinfonie Nr. 2 D-Dur (16), Richard Strauss mit den »Metamorphosen«, seiner späten »Studie für 23 Solostreicher« (17), Beethoven mit der 2. Sinfonie in D-Dur (18) und der 7. Sinfonie in A-Dur (19) und schließlich auf Platz 20: Claude Debussy mit »La Mer«.

Über den Handel wurden im Jahr 1995 auf dem deutschen Inlandsmarkt 192,1 Millionen Tonträger (CD, Platten und Musikkassetten) verkauft. Davon enthielten allerdings nur 17,1 Millionen Klassik-Repertoire. Von diesen waren die CD-Bestseller:

»Last Night of the Proms« (Platz 1), die »Carmen-Fantasie« mit Anne-Sophie Mutter als Solistin (2), Vivaldis »Vier Jahreszeiten« mit Nigel Kennedy (3) und die neun Sinfonien von Beethoven, dirigiert von John Eliot Gardiner (4). Auf Platz 5 folgt schon wieder Vivaldi mit den »Vier Jahreszeiten«, aber diesmal mit der violinistischen Solobetreuung von Anne-Sophie Mutter.

In der Spielzeit 1995/96 gibt es an 101 Spielstätten des Musiktheaters in der Bundesrepublik, Österreich und der Schweiz (ohne Tanztheater, Festspiele und eigene Musical-Häuser) für 511 Neuaufführungen folgende Platzverteilung: Mozart (53 Werke), Verdi (52 Werke), gefolgt von Wagner (28) und Puccini (28). Richard Strauss bringt es auf 23 Werke und Johann Strauß immerhin noch auf 22, gefolgt von Offenbach (18) und Rossini (17). Berg, Rihm, Poulenc, Matthus, Klebe, Birtwistle, Henze oder von Bose kommen zwar als Solitäre vor, liegen aber weit hinter einer erstaunlich großen Zahl an »klassischen« Musicals.

Die meisten Rundfunkanstalten reduzieren das schmale Programmbudget für die zeitgenössische Moderne; der größte Plattenladen Münchens macht während der Biennale des modernen Musiktheaters, seiner günstigsten Absatzzeit für die Moderne, höchstens 5% seines CD-Umsatzes mit zeitgenössischer Musik, hat aber längst eine florierende Abteilung für die »Weltmusik« eröffnet. Strawinsky und Schostakowitsch gelten für die Konzertagenten der Musikstadt München bereits als großes unternehmerisches Risiko. »Wenn ich die ›Lyrische Suite‹ von Alban Berg aufs Programm setze, habe ich 400 Zuhörer weniger im Saal«, sagt der Chef einer großen Agentur.

In diesen Fakten offenbart sich eine andere Realität, als sie Einsteins Postulat der selbstverständlichen musikalischen Gegenwart beschwört. Hier erscheint die Moderne eher als eisernes kulturpolitisches Bekenntnis der Feuilletons, als Thema scharfsinniger Kunstdebatten oder als Zankapfel im Verteilungskampf des Geldes in Zeiten schrumpfender öffentlicher Etats – und kaum als Anliegen des Publikums. Das ist freilich weder neu noch erstaunlich, sondern eher ein Gemeinplatz – der alte, bekannte Zirkel aus Mißtrauen und Abwehr, Verunsicherung und Trägheit. Der Widerstand gegen das Neue, die stabilen Gewohnheiten der Masse, das verdächtige, stets störende revolutionäre Potential jeder Avantgarde, verbürgt aus der Geschichte, begründet vieles, aber erklärt doch wenig, sucht man hinter dem allgemeinen *Deshalb* ein spezifisches *Warum*. Das allerdings enthüllt sich dem historisch geschärften Blick vielleicht eher als der Begeisterung des progressiven Bekenners. Die Eindeutigkeit der Fakten beweist nämlich weniger, daß die ästhetische Trägheit der Massen so groß ist wie niemals zuvor, sondern zuerst einmal, wie gewaltig das Gewicht des »Gestern« in unserem »Heute« ist. Vor allem, wie sehr wir dieses Gestern offenbar als natürlichen Bestandteil unseres Heute empfinden, wie nahe uns also die historische Ferne ist, wie ferne hingegen die moderne Nähe. Das ist tatsächlich eine noch nie dagewesene Situation in der Musikgeschichte: soviel »Altes« war nie das »Neue«.

Gewiß, es gab immer einen soliden Fundus an »Gestern«. Das Publikum hörte im Sonntagsgottesdienst der Thomaskirche auch ab und zu eine Kantate vom Vorgänger Bachs oder eine Passion von Johann Walter. Auch als *Compositeur* lernte man bei den unmittelbaren Vorgängern sein Handwerk, man studierte die Zeitgenossen und war deshalb als J. S. Bach ebenso Erbe einer historischen »Tradition« wie Karl Amadeus Hartmann oder Hans Werner Henze. Aber sie bestand bei einem Bach nur aus einer Handvoll Werke der musikalischen Vergangenheit, einer Messe von Palestrina, einigen Orgelwerken von Frescobaldi, Pachelbel und Grigny, den Kantaten seiner mittel- und norddeutschen Kantoren-Vorgänger.

Heinrich Schütz wallfahrte nach Italien und brachte die venezianische Mehrchörigkeit des Giovanni Gabrieli mit nach Hause – aber dieser war ein Zeitgenosse. Mozart, nur sechs Jahre nach dem Tod von Bach geboren, lernte – wie Beethoven – die Werke von Bach und Händel erst an seinem Lebensende im Wiener Kreis des Barons van Swieten kennen. Die »Tradition« war ein *implizites* Erbe, nicht ein *explizites*. Die jeweilige Musik der Zeit war stets die der Zeitgenossen, niemals die der Geschichte. »Moderne« und historisches Präsens waren dasselbe, was darin nicht aufging, verfiel und wurde über kurz oder lang vergessen. Das änderte sich erst in der Romantik, mit Mendelssohn, Brahms und Schumann und der Wiederentdeckung einer vergessenen musikalischen Vergangenheit im Historismus.

Leben wir also heute im Museum? Ist unser Musikleben nichts als eine gigantische Friedhofskultur und womöglich das Menetekel einer erschöpften Spätzeit? Oder handelt es sich nur um eine natürliche Phase in der langwelligen Geschichtsdialektik von Renaissancen und Avantgarden, wie wir sie aus der abendländischen Kunstgeschichte kennen? Ist es gar ein unverhoffter Zugewinn an Erfahrung, ein historisches Pfund, mit dem wir ästhetisch wuchern könnten? Oder eine Verweigerungsaktion gegen die Zumutungen der Moderne, eine gigantische Fluchtbewegung aus dem historischen Präsens, weil irgend etwas schiefgelaufen ist?

Konstatieren wir vorläufig als Tatsache, daß es mehr »Early Music«-Festivals, -Sommerkurse und -Workshops gibt als Avantgarde-Treffen. Stellen wir gleichzeitig fest, daß der Marsch in die musikalische Vergangenheit ungebrochen anhält. Nach Bach und Händel, Telemann, Schütz, Monteverdi, Palestrina, dem Codex Calixtinus aus Santiago di Compostela oder den Gesängen der Hildegard von Bingen, der frühen Mehrstimmigkeit des 13. Jahrhunderts hat er inzwischen die Gregorianik erreicht, die älteste historische Schicht unserer abendländischen Musikgeschichte, und produziert mit ihr die Verkaufs-Hits. Konstatieren wir ferner, daß die musikalische Vergangenheit nicht in raren Exempeln vorliegt, sondern in üppigster Mehrfachbestückung, und zwar in der Live-Aufführung ebenso wie im Konzert der Tonträger. In der CD-Abteilung trifft in der kaum mehr überschaubaren Flut von Bachschen Passionen und h-Moll-Messen, von Händels »Messias«, Beethovens Fünfter, Bruckners Vierter und Mahlers Zweiter öfter der Verkäufer die Wahl als der Käufer.

Verzweifelt klagt deshalb der Komponist Wilhelm Killmayer, daß die x-te Interpretation einer Beethoven-Sinfonie durch Karajan, Muti, Maazel, Abbado oder wer weiß wen weit mehr Aufmerksamkeit findet als jede Uraufführung einer neuen Komposition. Das uferlose Recycling wohlbekannter Musik in immer neuen, vielleicht auch anderen »Interpretationen« erweist sich als zentraler Aspekt unseres modernen Musiklebens. Aber es ist nicht nur Beethovens Fünfte von Karajan, Muti, Maazel, Abbado oder Bruckners Zweite von Haitink, Masur, Blomstedt, Wand, Sinopoli oder Gielen, sondern auch Karajans Beethoven I, II, III und IV aus verschiedenen Epochen seiner künstlerischen Biographie bei der Deutschen Grammophon – plus der Beethoven-Einspielungen bei anderen Labels.

Auch dem intellektuell nachlässigen Liebhaber ernster Musik ist nicht entgangen, daß wir es längst mit zwei Arten der Tonträger-»Historie« zu tun haben. Eine ist die der Schallarchive aus dem Fundus der Plattenindustrie, die andere die des »Originalklangs«, der »historischen« oder gar »authentischen« Aufführungspraxis. Einmal wird die Tradition von gestern mit spätromantischer Orchesterfülle und legendären Namen beschworen, das andere Mal der fiktive Reiz des nie Gehörten vergangener Epochen. Das eine hat sich aus der Wiederverwertung vorhandenen Materials, *digitally remastered* und preisgünstig, zur elektronisch gespeicherten Musikgeschichte der Moderne entwickelt, das andere zu einem neuen ästhetischen Mainstream. Beide treffen sich aber mit Lust im Zeichen des elektronischen Mediums.

Kostbares *Musée imaginaire* einer flüchtigen, ohne Tonträger verlorenen Kunst oder Leierkasten verbrauchter Musikgeschichte? Großartige Bereicherung oder Motor kommerzieller Endlosverwertung?

Die Perspektiven sind durchaus zweideutig. Nicht Beethovens Fünfte scheint das Objekt der Begierde, sondern eine neue, aufregendere Deutung. Nicht die Botschaft des Werks beschäftigt, sondern der Nimbus des anderen Pultstars, der neuen Besetzung, die Sucht nach dem Unerhörten, das geschmäcklerische Spiel des Vergleichens. Das ist ein anderes Verständnis von »neu« und ein anderer Schwerpunkt des Musiklebens. Längst kreist es mehr um die »Interpreten« als um die »Schöpfer« und erregt sich am Pluralismus klingender Auslegung, nicht am Abenteuer neuer Tonwelten. Davon leben ganze Provinzen der Kulturmaschinerie, die Klassikprogramme, Musikredaktionen, Feuilletons und Schallplattenjournale. Damit ist eine neue Disziplin für Kenner und Fortgeschrittene entstanden: der Interpretationsvergleich. Er ehrt den HiFi-Fan und profiliert den ernsthaften Musikadepten. Als Teil musikalischer Wirkungs- und Rezeptionsgeschichte wird er sogar, wissenschaftlich objektiviert, ein Element der »Aufführungsgeschichte« und somit ein wichtiges Kapitel moderner Musikgeschichte.

Edward Said, musikalischer Literaturgelehrter, beschreibt den Zustand treffend, wenn er sagt: »Die Selbstdarstellung des Interpreten hat sich schon längst vor das Werk des Komponisten gedrängt.« Knapper formuliert es der Praktiker, Claus Drese, ehemaliger Intendant der Wiener Staatsoper: »Interpreten gelten mehr als Komponisten.«

Das ist nicht nur die offene Umformulierung der Musikkultur zum Interpretationskult, sondern auch die Auflösung einer alten historischen Identität: der von *Komponist* und *Interpret* – falls man sich entschließt, den Auf- und Ausführer der eigenen Komposition überhaupt so zu nennen. Von den Anfängen der bekannten Musikgeschichte an waren Komponist und Ausführender, Schöpfer und Musizierender stets in Personalunion vereint. Orlando di Lasso führte seine Motetten mit seiner Hofkapelle ebenso selbst auf wie Monteverdi sein *Dramma per musica* und Bach seine sonntäglichen Kantaten in der Thomaskirche. Lully tanzte nicht nur gelegentlich in seinen Balletten, sondern dirigierte, war Regisseur und sogar Bühnenmaschinist, Mozart war der Solist seiner eigenen Klavierkonzerte, Beethoven der Dirigent seiner Sinfonien und Schubert der Begleiter seiner Lieder.

Richard Wagner allerdings rechnete schon auf kompetente Exegeten seines Gesamtkunstwerks und verschmähte dafür weder den Ehemann seiner späteren Gattin Cosima noch die nicht-arischen Palatine seiner Bayreuther »Nibelungenkanzlei«. Gustav Mahler schließlich ist uns als Komponist sehr viel wichtiger, denn als der strenge Dirigent mit einer kompromißlosen musikalischen Moral, dessen Wirken 30 Jahre lang, bis zu seinem Tode, sein Ansehen bestimmte. Der Pianist Artur Schnabel komponierte, wie Wilhelm Kempff, spielte seine Stücke jedoch niemals selbst. Auch Furtwängler, Felix Mottl, Otto Klemperer, Dimitri Mitropoulos, Antal Dorati, Igor Markevitch, Rafael Kubelik, Michael Gielen und Leonard Bernstein komponierten, Hermann Scherchen hat uns ein Streichquartett hinterlassen, und Giuseppe Sinopoli gab mit seiner Oper »Lou Salomé« ein Versprechen an das Zeitgenössische, das er weder komponierend noch dirigierend eingelöst hat. Sergiu Celibidache schließlich erholte sich in seiner alten Mühle bei Paris mit TV-Fußball und Komponieren. Aber sie alle verdanken Ruhm und Namen dem »Kapellmeister«, ihrem nachschöpferischen Tun, nicht dem schöpferischen. Nur von Karajan ist keine Note bekannt. Dafür inszenierte er viele Opernproduktionen selbst, richtete neue Fassungen ein und bekam dafür genauso Tantiemen wie für sein Dirigieren.

Diese Situation ist mehr als eine permanente Kränkung der Avantgarde. Die Reproduktionskultur erstickt die produktive. Der Verdrängungskampf zwischen Heute und Gestern wird zur Auseinandersetzung zwischen lebendigen und toten Komponisten. Schon 1947 spricht Furtwängler dramatisch vom »Kampf des modernen Musikers um seine Existenz, der sich vor allem gegen die Musik der Vergangenheit« richte.

Selten hatte dieser Kampf mehr existentielle Kraft als nach der Katastrophe des Zweiten Weltkrieges, im verzweifelten Aufbruch einer gescheiterten Kulturnation zu neuen Identitäten und Werten. Nie hatte die Avantgarde mehr Kredit und Zustimmung als in der Rückeroberung der langentbehrten geistigen Freiheit.

Grenzenlose Aufnahmebereitschaft gab es nicht nur für Schönberg, Webern, Berg oder Krenek, für Bartók, Strawinsky, Hindemith oder Kurt Weill, sondern auch für Glenn Miller, Louis Armstrong, Ella Fitzgerald und Frank Sinatra und jenen angloamerikanischen *Way of Life*, der von Nylons, Kaugummi, Lucky Strike, Nescafé und Blue Jeans bis zu den neuen Kulturagenten von AFN-Radio, Amerika-Haus und Fulbright-Stipendien reichte.

Daneben blühte, so scheint es aus heutiger Sicht, eine musikalische Moderne gewissermaßen aus dem Geiste des »Bauhauses« auf, vielleicht nicht ohne Parallele zum Wiederaufbau der zertrümmerten Städte.

Neue Reihen, bald unter dem Mäzenatentum des Rundfunks, stellten einem begierigen Publikum die Avantgarde vor: »Das neue Werk« in Hamburg, »Musik der Zeit« in Köln, die »Musica viva« in München oder das »Studio für neue Musik« und die Nachtprogramme des WDR. Heinrich Strobel im Südwestfunk Baden-Baden initiierte die Kompositionsaufträge für Donaueschingen und führte die Theoriedebatten in der Zeitschrift »Melos«. Dirigenten wie Hans Rosbaud, zuerst in München, dann in Baden-Baden, leisteten eine exemplarische Erziehungsarbeit bei der Vermittlung des Repertoires der Moderne. Endlich hörte das Publikum Schostakowitsch, Ravel, Frank Martin, William Schumann, Walter Piston und Britten, Schönbergs Kammersinfonie op.9, Mahlers Dritte Sinfonie und die tabuisierten Werke von Strawinsky und Hindemith. Hermann Scherchen, immer schon ein glühender Bekenner der Moderne und ebenso überzeugter Verfechter einer pädagogischen Mission des Rundfunks, setzte die Reihe seiner Uraufführungen mit Dallapiccola, Dessau, Stockhausen, Varèse, Henze, Blacher, Xenakis und Claude Ballif fort.

Dem Nachholpensum folgte die Explosion der Freiheit mit Experimenten und dem Aufbruch in neue kompositorische Terrains und Klangwelten. Jede Novität war ein Garant von Zukunft, jeder Tabubruch wurde zum Versprechen neuer ästhetischer Valuta. Die Reihensystematik der Zwölftonmusik wurde in der seriellen Musik auf andere musikalische Parameter ausgedehnt. Die elektronische Musik half dabei mit ihren Möglichkeiten exakt kontrollierbarer Erzeugung der Tonqualitäten. Bald fing sie in ihren Installationen zwischen Sägezahn-Generator und M-5-Tonspeicher auch die »klingenden Objekte« eines reizvollen musikalischen Surrealismus der *musique concrète* auf. Stockhausen im NWDR-Studio Köln, Luciano Berio im Studio Fonologia in Mailand oder Josef Anton Riedl mit dem Siemens-Studio in München etablierten den Komponisten als Klangforscher.

Unübersehbar war allerdings, wie sich gleichzeitig rigide Einflußstrukturen etablierten. Der Hunger nach dem lebendigen Pneuma der Gegenwart, die Idee grenzenloser Freiheit wurde bald durch klare, mächtige ästhetische Doktrinen kanalisiert. Sicher: Die Nobilitierung der verfemten und ausgebürgerten Zweiten Wiener Schule als normative Theorie des Komponierens war auch ein entschlossener Abwehrzauber gegen die Mächte einer totalitären Kulturpolitik, gegen finstere Restauration und ästhetische Dienstbarkeit für politische Ideologien. Vor allem aber war sie ein unantastbarer Akt intellektueller Plausibilität, denn sie entsprach der historischen Vernunft: der Logik eines evolutionären Geschichtsverständnisses, der Philosophie Hegels und der Aufklärung, dem Recht auf Fortschritt. Der Bann war mächtig, die rationalen Prämissen unwiderstehlich. So wurde aus dem Recht rasch eine Pflicht, und es gerieten diejenigen unter Legitimationszwang, die sich dem Druck des normativen Über-Ich dieser Schule nicht beugten. Strawinsky, lange Gegenspieler Schönbergs, lenkte spät mit »Cantata« und dem »Septett« von 1953 ein, Krenek mit »Karl V.« schon 1933, Fortner 1948 mit seinem Dritten Streichquartett. Thomas Mann setzte dem neuen, totalen Konstruktivismus ein literarisches Denkmal im »Doktor Faustus« – nicht als Zuspitzung des rationalen Kalküls, sondern im Geiste künstlerischer Seelenqualen um neue Ausdruckswelten.

Eine brillante Nomenklatura der Theorie- und Kulturintelligenz führte den ästhetischen Diskurs und lenkte die Konzertprogramme. Damit wurden nicht nur die neugewonnenen Freiheiten wieder aufs Spiel gesetzt, sondern auch die geschichtlichen Entwicklungslinien aus der Spätromantik radikal gekappt. Die vor dem Graben der Nazi-Unkultur liegenden Welten von Busoni, Reger, Schreker, Pfitzner, Schoeck, Goldmark, Haas, Sutermeister, Julius Weismann oder Armin Knab, aber auch die von Benjamin Britten, Jean Sibelius oder Karol Szymanowski, nicht zu reden von der reichen amerikanischen Sinfonik, waren als historisch abgestorbene Schicht quasi apriorisch erledigt. Folglich verfiel damit auch die Musik eines Karl Amadeus Hartmann, Werner Egk, Bohuslav Martinů, eines Harald Genzmer, Gottfried von Einem, Günter Bialas oder Wilhelm Killmayer zur abseitigen Nebenlinie des Musiklebens.

Das Aufbruchspathos der europäischen Nachkriegsmoderne ist längst Geschichte geworden. Das Kraftwerk der Ideen scheint ausgebrannt. Sakrosankte Systeme modernen Komponierens verlieren an normativer Kraft und weichen einem verwirrend bunten Pluralismus der Idiome: kein Mainstream integriert, kein Zentralgestirn leuchtet, keine Aufbrüche elektrisieren. Es scheint, als hätte eine Stagnation eingesetzt, eine Ernüchterung der Hoffnungen, eine Entropie der Mittel.

Krzysztof Penderecki, in Donaueschingen mit »Fluorescenses« 1962 noch radikaler Vollblut-Avantgardist, wandte sich nach seiner »Lukas-Passion« (1966) ganz anderen Terrains zu. Mit der Oper »Die schwarze Maske« debütierte er 1986 bei den Salzburger Festspielen; seine Sinfonien werden von den Münchner Philharmonikern uraufgeführt. Sogar Nikolaus Harnoncourt, radikaler Erneuerer des Musikhörens und aufsteigender Star im neuen Salzburg,

burg, äußerte tiefe Skepsis an der musikalischen Tragfähig-
keit der Zwölftonmusik.

Bereits 1986 wagte sich Eliahu Inbal, damals Chefdirigent
des Radiosinfonieorchesters Frankfurt, mit scharfer Kritik
am Musikleben weit vor. Sie entsprang weder dem Unver-
ständnis des Dilettanten noch dem Argwohn des Konservativen, sondern eher dem Realitätssinn des Bilanzierenden:
»Millionen werden dafür (für die Moderne) ausgegeben,
und doch glaube ich, daß diese Musik so gut wie keine
Chance hat ... Die Leute haben wohl den Eindruck, dieser
Musik fehle etwas ... jedenfalls müssen die Komponisten eine Sprache für das Publikum wiederfinden. Wer diese Sprache nicht sucht, ist nicht wirklich modern.«

Hatten wir sie nicht gefunden, die »Sprache« unserer Moderne: in der Dodekaphonie, in der faszinierenden rationalen Organisation aller Elemente des musikalischen Satzes
und seiner Klangmöglichkeiten? Hatten wir sie nicht schöpferisch entwickelt: mit der Organisation des »gelenkten Zu-
falls« in der Aleatorik bei Stockhausen und Boulez, in der
»Klangsynthese« von Xenakis? Oder war das bereits die Sä-
ge zugespitzter Überdetermination an den tragenden Säulen
der Musik-Moderne? Und wird sie jetzt nicht schamlos ge-
meuchelt und hinterlistig erodiert vom »konservativen
Schöpferischen«? Oder wird sie erweitert, um endlich auch
jene »Sprache« zu formulieren, die nicht nur »unsere Zeit«
ausdrückt, sondern auch das Publikum findet, das sich der
Gregorianik, dem Mittelalter, Monteverdi und immer wieder Mozart, Mozart, Bach, Bach und Beethoven, Beethoven
so besinnungslos-lustvoll in die Arme wirft?

Gewiß, Stockhausen führte 1996 mit »Freitag aus Licht«
den fünften Teil seines (auf sieben Teile angelegten) Zyklus
»Licht« auf; Kompositionsaufträge der Opernhäuser sorgen nach wie vor dafür, daß die Flamme des Zeitgenössi-

schen weiter glimmt, von Aribert Reimann bis Hans Werner Henze, von Wolfgang Rihm, Alfred Schnittke bis Hans-Jürgen von Bose.

Das Ensemble Modern und das Ensemble Recherche bleiben so engagiert der Avantgarde verpflichtet wie das etablierte Arditti- oder das Kronos-Quartett, die Wittener Tage für Neue Kammermusik, »Wien Modern«, die Tage für neue Musik in Stuttgart und die Biennale in München. Aber zugleich wird 1987 das Basler Kammerorchester aufgelöst, eine legendäre Institution der Moderne seit 1926, und 1994 verabschiedet sich David Albermann nach neun Jahren als zweiter Violinist des Arditti-Quartetts in Darmstadt mit den schlichten Worten: »Ich will jetzt endlich Musik spielen.« Pierre Boulez, *agent provocateur* der Haute-Avantgarde, mutiert zum Darling der großen sinfonischen Traditionsorchester und dirigiert inzwischen mehr Bartók, Strawinsky, Bruckner und Mahler als seine eigene Moderne, und der Intendant des Schleswig-Holstein-Musik-Festivals bittet, dem Leitthema von 1996 entsprechend, die Dirigenten Kurt Masur und Herbert Blomstedt, ihre Programme mit Werken der jetzt fast 100 Jahre alten, Zweiten Wiener Schule zu eröffnen, aber beide lehnen ab: Masur und seine New Yorker Philharmoniker beginnen in Lübeck mit Schumann, und Blomstedt anderntags mit Bruckner. Da siecht die »Musica viva«-Reihe in München dahin und präsentiert Lorin Maazels süffige »Music for Violoncello and Orchestra« (1996) korrekt als »zeitgenössische« Musik. Da geraten die seit 1922 bestehenden Donaueschinger Musiktage in die Krise: dort, wo die Uraufführungen von Messiaën, Boulez, Ligeti, Nono, Xenakis, Penderecki und Kagel den Ruf einer legendären »Documenta der Tonkunst« begründeten, schwinden nach 75 Jahren Geld und Interesse. Nur eine mühevolle Rettungsaktion verhindert 1996 das Debakel. Da denkt der Südwestfunk kritisch über das Freiburger Experimentalstudio der Heinrich-Strobel-Stiftung nach, und da landet das Münchner Siemens-Studio für elektronische Musik nach einer würdelosen Odyssee von Umquartierungen schließlich im Deutschen Museum. Ein Symbol für das Ende der Klangforschung oder einfach technisch überholt durch den 4X-Realtime-Klangcomputer im Pariser Ircam? Museal geworden mit der atemberaubenden Entwicklung der artifiziellen Sound-Erzeugung im Bereich der U-Musik bis zum omnipotenten *Sampler* und seiner Integration in den PC-Verbund? Klangdesign als Normalfall und nicht mehr als Privileg der Avantgarde?

Ives, Messiaën, Lutoslawski, Cage, Reimann, von Bose verwendeten bald wieder die Tonalität – »Schein-Tonalität«, murren allerdings ihre Kritiker unwirsch –, und im Musikleben tauchen plötzlich wieder Franz Schreker, Engelbert Humperdinck, Erich Korngold, Karol Szymanowski auf. Man führt Goldmark auf und entdeckt Erwin Schulhoff neu. Einer kleinen Alexander-von-Zemlinsky-Renaissance folgt eine Neuauflage von Berthold Goldschmidts »Gewaltigem Hahnrei«, dem Bühnenerfolg von 1932. Ein neues CD-Label (*Marco Polo*) fährt seine Erfolge mit Namen ein, die keiner mehr kennt: Raritäten der Spätromantik von Delius, Berwald, Havergal Brian, Enescu, Gade, Glière, Mjaskowsky, Nørgård, Spohr, Raff oder Tournemire bis zum Ukrainer Boris Ljatoschinsky.

Gerät die große Fernreise in die Musikhistorie in einen Schulterschluß mit der kleinen Nostalgie des Gestern? Werden so wieder Bande geknüpft zwischen einem desillusionierten Heute und der dodekaphonisch entwerteten Spätest-Romantik?

Ein anderes Phänomen ist noch durchschlagender und zeigt

sich in der interesselosen Absorption der radikalen Avantgarde durch den Musikbetrieb: Viele empfinden die Moderne kaum mehr als Stimulans. Keine Aufschreie mehr,
keine Saalschlachten wie beim ersten Auftritt von John
Cage in Europa, und keine Erwartung ästhetischen Mehr-
werts durch kalkulierte Tabubrüche. Dafür aber Ekstasen
bei einem neuen Countertenor in der Early-Music-Szene.
Auch die musikalische Wahrnehmung erfährt eine seltsame
Metamorphose: Hatte man schon bei Alban Berg bald weit
»espressiver« empfunden als strukturell gedacht, so geschieht nun das gleiche sogar bei Luigi Nono. Nach einer
Aufführung bei der Musikbiennale Venedig 1993 bemerkte
die Kritik, daß seine Stücke »weniger als geistige Struktur,
sondern vielmehr als gefühlsbeladene Klangprozesse« gehört würden. Ist das eine peinliche Rückmeldung des Ge-
fühls, jener »emotionalen Seite der Musikrezeption, die
man nicht verhindern kann, selbst wenn man es wollte«,
wie Georg Katzer, Gründer des elektronischen Studios der
Berliner Akademie der Künste, mit Bedauern meint? Oder
ist es das »Altern der Neuen Musik«, das Adorno zuletzt
noch beunruhigte? Ist es etwa der ruhmlose Tod der Provokation in der Gleichgültigkeit? Eine *erworbene* Indifferenz
durch Gewöhnung und Desensibilisierung gegenüber den
akustischen Gewaltspektakeln? Oder eine *bewußte* Kapitu-
lation? Oder ist es ein Verlust des semantischen Unterschei-
dungsvermögens, wenn einmal größte Sensibilität verlangt
ist, um banale Zufallsgeräusche als wesentliche Elemente
musikalischen Sinns zu begreifen (wie bei Cage), ein anderes Mal präzise zerebrale Apperzeption für Strukturen (wie
bei Schönberg oder Boulez) oder, wieder woanders, morali-
sches Klassenbewußtsein für politische Kodierungen und
gesellschaftliche Botschaften (wie bei Nono oder Globo-
kar)? Ist es der Bedeutungsverlust im inflationären Gefälle

29

zwischen Belanglosigkeit und Hermetik, der dem ungelen-
ken Ohr des Zeitgenossen nur als amüsantes »Anything
goes« erscheint? Oder einfach stille Preisgabe im wabernden
Meer der musikalischen Konsumwelt, im Pluralismus der
Stile, der bunten Kreuzung sämtlicher E- und U-Welten?
Das Bild bleibt zwiespältig. Fest steht, daß die Integration
der »klassischen Moderne« in das Musikleben leidlich ge-
lungen ist. Strawinsky, Bartók, Hindemith, Ravel, Debussy, Skrjabin, Messiaën oder Ligeti, die Hauptwerke der
Zweiten Wiener Schule, sind zu akzeptierten Komponenten
der Konzertprogramme geworden, sei es als »Pflicht« zur
»Kür« von Bach bis Mahler oder als wirkliche Entdeckungen. Ebenso deutlich ist aber auch, daß die zweite Generation der Moderne Abschied von den ästhetischen Dogmen
der Zweiten Wiener Schule nimmt. Boulez' Prognose von
1951, daß »nach den Entdeckungen der Wiener Schule jeder Komponist *unnütz* ist, der sich außerhalb der seriellen
Bestrebungen stellt«, ist nicht eingetroffen. Der Anspruch
der Avantgarde dieser Jahre, die musikalische Zukunft zu
repräsentieren, hat sich nicht erfüllt. Ihre festen Konturen
lösen sich längst in einem vielschichtigen Stilpluralismus
auf (ein Wandel, der übrigens eine erstaunliche Analogie zu
der Entwicklung von der Wiener Klassik zur Romantik
zeigt). Fest steht auch, daß große Bereiche der Moderne
keine verbindliche Stellung im Musikleben erobern konnten, sondern allenfalls den Status einer Teilkultur. Damit
hat sie, weder beim Publikum noch bei den Interpreten, zu
einer »Identifikation mit dem Zeitgenössischen« geführt,
die bei der Musik des Barock, der Klassik und Romantik
oder dem gesamten Repertoire des Konzertlebens bis nach
der Jahrhundertwende selbstverständlich war. Der *intellektuelle* Konsens über die Prämissen der Moderne entspricht
nicht dem *ästhetischen*.

2. Oben und unten oder: Hochkultur und Subkultur

Der Olymp

August Everding meint umsichtig: »Es gibt keine hohe oder niedrige Kultur – es gibt nur *Kultur*.« Das ist der gewitzte Pragmatismus des kleinsten Nenners für ein Metier, das sich Definitionen schlecht fügt. Aber es ist auch ein bedenklicher Absolutismus des Relativen. Nicht weniger pragmatisch ist es, Mozart und Techno als verschiedene Musiken wahrzunehmen. Wer den Unterschied überspielt, beraubt sich einer Unterscheidungsfähigkeit, die für die Kunst so wesentlich ist wie die Mathematik für die Physik. Allerdings muß es nicht gleich um »Wertung« gehen, sondern nur um die Beschreibung sehr verschiedener Phänomene in der Topographie des Musiklebens.

Noch definiert der Olymp einer Hochkultur Prestige, Glanz und Spitzengagen und vielleicht auch die Standards ästhetischer Erwartungen und Leistungen. Er ist zwar kein Brennspiegel unserer pluralistischen Gesellschaft mehr, aber ein Forum der Arrivierten, ein Leuchtfeuer im Meer der Ambivalenz, das hell strahlt, ohne immer zu wärmen, vielleicht eine Projektion und mit Sicherheit ein Hort des kulturellen Erbes. Damit bleibt er ein Ort des Rituals, wo Normen nicht *demokratisch* diskutiert werden, sondern als Bekenntnisse *absolutistisch* gesetzt – legitimiert durch die Souveränität und Aura des Künstlers.

Das olympische Genre ist die Summe vieler Institutionen und Formationen: berühmte Orchester, die großen Opernhäuser, die Festspiele mit langer Tradition. Dafür stehen die Berliner und Wiener Philharmoniker, das Gewandhaus-

Orchester Leipzig, das Concertgebouw Amsterdam, die fünf Londoner Orchester und ihre Pendants in der Neuen Welt, renommierte Rundfunkorchester, die Operntempel in Wien, Mailand, München, Dresden oder Paris, vor allem aber die Salzburger und die Bayreuther Festspiele, abendländische Kultur-Chiffren, Synonyme für legendäre Aufführungen, große Namen und bedeutsame Traditionen.

Diese Einrichtungen sind die letzten Bastionen einer Konzertkultur des 19. Jahrhunderts, einer Epoche, in der sich die Musikdarbietung von den jahrhundertealten Hegemonialmächten Hof und Kirche löste und im »bürgerlichen« Konzertsaal, in Singakademien, Chorvereinen und städtischen Operntheatern zu jener Autonomie gelangte, die wir heute als selbstverständliche Bedingung freier Kunst betrachten. Sie setzen immer noch die Standards und sind zugleich Objekte der Kulturpolitik, sei es als Ziel hoher Subventionen oder als Instrument nationalen oder regionalen Prestiges, als Bildungs- oder Exportgut und längst auch als Marktfaktor der Medienindustrie.

Das Sinfonieorchester erweist sich im historischen Rückblick als ideale Begegnung zweier großer Ideen: des Instrumentalensembles aus Wiener Klassik und Romantik und des Konzertsaals als gesellschaftlichem Treffpunkt des musischen Bürgertums. Es ist eine gelungene Verbindung zwischen der Erfahrungswelt einer als verbindlich empfundenen Musik und einem sozialen Forum, das nach der Französischen Revolution zur kulturellen Identität des neuen Bürgertums wesentlich beitrug. Diese zwiefache Identitätsstiftung hat sich als sehr stabil erwiesen und wirkt auch heute noch.

Die gesellschaftliche Funktion zeigt sich bei Diskussionen um die Schicksale dieser Institutionen. Skandale, Personal- und Etatfragen oder gar Schließungen beschäftigen eine

Öffentlichkeit, die weit über das Musikleben hinausreicht. Das späte, tragische Zerwürfnis des Salzburger Maestros »auf Lebenszeit« mit seinen Berliner Philharmonikern illustriert dies ebenso wie die Wiener Inszenierungen um den Burgtheater-Intendanten oder um Mortiers Salzburger Vertragsverlängerung 1996. Wie weit sogar nationale Identitäten berührt sind, zeigen die bitteren politischen Abrechnungen um »tschechische« oder »deutsche« Gefühle, die Auseinandersetzungen zwischen dem deutschen Dirigenten Gerd Albrecht und der Tschechischen Philharmonie, Prag, (1995) oder das »Home-coming« der Klavierlegende Horowitz nach Moskau 1990. Das war nicht nur perfektes Teamwork von Gemahlin Wanda, geborene Toscanini, von Columbia Artists Management Inc. (CAMI), der mächtigsten Künstleragentur der Welt, und von ihren Medienpartnern in Europa und den USA, sondern auch wohlkalkuliertes Kultur-Mosaiksteinchen der amerikanischen Außenpolitik unter Reagan. Die gleiche politische Dimension zeigte sich in der heiklen Funktion der Berliner Philharmoniker in der Ära des Kalten Krieges, die an der Frontlinie zwischen den beiden Weltmachtsphären ein Identitätsfaktor mit Symbolwert von allergrößter Bedeutung wurden, der weit über bloße »Kulturpolitik« hinausging. Das kulturelle Dreieck von Wiener Staatsoper, Burgtheater und Salzburger Festspielen ist schließlich ein Beispiel europäischer Hochkultur, Herzstück österreichisch-habsburgischer Identität und Schauplatz einer Kulturmachtpolitik, die auf keine der Rankünen, Intrigen und Hysterien des alten Kakanien verzichtet.

Eine andere alte Traditionsschicht wirkt in den Klangphysiognomien und der besonderen Spielpraxis der Orchester nach. Die Wiener Philharmoniker »sprechen« einen anderen Klangdialekt als die Berliner. Ihr runder weicher Ton ist

Folge des vibratoreichen Geigenklangs der Wiener Geigen-
bauschule, des F-Horns mit mehr Naturtönen als die sonst
üblichen B-Hörner oder der Wiener Oboe (im Unterschied
zur französischen Oboe bei den Berlinern). Nichts anderes
gilt für die Tschechische Philharmonie oder die Bamberger
Symphoniker aus der böhmisch-tschechischen Schule und
das besondere Klangkolorit der Dresdner Staatskapelle.
Karajan haderte mit den wenig intonationssicheren F-Hör-
nern der Wiener und wollte sie durch die perfekteren
B-Hörner ersetzen. Inzwischen jedoch sorgt der internationale Medienverbund samt dem Jet-set der immer gleichen
Pultstars mit knappen Probenzeiten und hohen Perfektionsnormen für eine immer stärkere Uniformierung dieser individuellen Klangbilder.
Der amerikanische Orchestermanager Ernest Fleischmann
provozierte deshalb 1988 mit dem Verdikt »Legt Feuer in
die Orchestergräben« und der Forderung, einen »Musiker-
pool« aller großen Orchester zu bilden. Die Konferenz der
Orchesterintendanten in Barcelona (1994) diskutierte dieses Modell dann auch sehr ernsthaft, und in Berlin wird,
unter Sparzwang, über ein solches »Pooling« immer wieder
nachgedacht.
Dazu kommt, daß in unserem pluralistischen Musikleben
die Klangdialekte längst nach dem Muster von alt-neu dis-
soziieren. Kaum ein klassisches Sinfonieorchester wagt es
heute noch, eine Orchestersuite von J. S. Bach zu spielen
oder das Fünfte Brandenburgische Konzert mit Konzertflü-
gel und vier Kontrabässen. Auf der anderen Seite des Spektrums müssen spätestens seit Orff Schlagwerk, exotische
Geräuscherzeuger oder elektronische Klänge extern be-
sorgt werden. Beim ersten Konzert der »Musica viva«-Rei-
he des Bayerischen Rundfunks 1996 wirkten 116 Schlagin-
strumente mit, für die 27 Schlagzeuger benötigt wurden.

Die Kosten betrugen 250000 Mark – bei einem Publikum von 350 zahlenden Zuhörern.

Das Philharmonische Orchester Rotterdam hat drei Chefdirigenten: je einen für die Klassik, die Romantik und die moderne Musik. Am Pariser Théâtre du Châtelet verhandelt man mit zwei Nachfolgedirigenten für den scheidenden Chef Semyon Bychkov: mit einem für das klassischromantische Repertoire und einem anderen für die alte Musik. Die Zahl der Dirigenten, die sich Ensembles mit eigener musikalischer Diktion schaffen, nimmt immer weiter zu und reicht von Harnoncourts frühem »Concentus musicus« über Norringtons »London Classical Players«, Gardiners »English Baroque Soloists« bis zu Koopmans »Amsterdam Baroque Orchestra«, Kuijkens »La Petite Band« oder Herreweghes »Chapelle Royale«, nicht zu reden von den Spezialisten der Moderne. Das Frankfurter »Ensemble Modern« dagegen demokratisiert radikal und verzichtet gar auf einen ständigen Dirigenten.

Das eigentliche Problem der großen Traditionsorchester jedoch ist ihre zunehmend schwierigere Finanzierung und die musikalische Konkurrenz durch die Tonträger. Nur durch Sponsoring und ausgefeilte Finanzkonzepte können die hohen Kosten noch aufgebracht werden. Der Zusammenbruch ganzer Orchesterlandschaften in Osteuropa und Italien drückt auf Angebot und Kostenniveau der hiesigen Elite. Das klassische Repertoire aber ist auf CD und bald auf digitaler Datenleitung längst für jeden preiswert und bequem zugänglich. Auf Billig-Labels (wie etwa *Naxos*), wo sich die Zehn-Mark-CDs zum am stärksten expandierenden Segment des Tonträgermarktes entwickelt haben, spielen unbekannte Orchester – und finden fast schon die gleiche künstlerische Anerkennung wie die Elite-Ensembles.

Götterdämmerung im Olymp? Lösen sich die individuellen,

historisch gewachsenen Orchestertraditionen auf im Stil- und Klangragout des modernen Kulturbazars? Stürzen die Maestri als prägende Orchestererzieher und Hochkultur-Schamanen – oder überleben sie als verkaufsfördernde Image-Ikonen der medialen Glitzerwelt?

Zum hintergründigen Symbol wird, daß die Salzburger Festspiele 1996 von einem Wallstreet-Millionär angeführt wurden. 1995 dirigierte die Wiener Philharmoniker im Eröffnungskonzert noch Riccardo Muti, im Jahr darauf der Börsenprofi Gilbert Kaplan. Als leidenschaftlicher Mahler-Verehrer wurde er zum Spezialisten der Zweiten Sinfonie und lernte für sie dirigieren, mietete Orchester und Konzertsäle, edierte einen Faksimile-Druck des Werks. 1996 krönte er seine Obsession in Salzburg, dem klassischen Hochsitz europäischer Festspielkultur.

Salzburg, 1995 fünfundsiebzig Jahre alt geworden, ist wie Bayreuth Archetyp einer Festspiellandschaft, die es inzwischen auf Hunderte von Spielstätten in Westeuropa bringt. Die Gründung 1920 durch Hugo von Hofmannsthal, Max Reinhart und Richard Strauss war, auf den Trümmern des alten Europa nach dem Ersten Weltkrieg, eine Beschwörung des abendländischen Geistes. Nach der Verengung zu Karajanopolis, elitär in seiner Ästhetik, monoman im Kult, kulinarisch im Ambiente, versucht seit 1990 Gérard Mortier eine Neuorientierung im Treffpunkt der dirigierenden, musizierenden und regieführenden Weltelite. Mortier, der freimütig bekennt, daß er lieber ins Theater als in die Oper geht und lieber zu Tina Turner als zu Pavarotti, will mit einem neuen Konzept »Mozart und die Klassik in Beziehung setzen zur Musik des 20. Jahrhunderts«. Schönberg, Berg, Messiaën, das Pollini- und das Friedrich-Cerha-Projekt (1995 und 1996), »European Art Forum« (Pfingsten 1996), die Porträtreihe »Next Generation« (1996) und das

»Zeitfluß-Festival« sorgen für neue Impulse. Als nur managender Erbe eines charismatischen Starkünstlers hat er weder eine persönliche noch eine historische Wahl: Sein Konzept ist so unvermeidlich wie notwendig. Aber es definiert den »Hochkultur-Anspruch« vom normativen zum pluralistischen um. Sein Ziel ist die Revitalisierung, aber seine Prämisse, daß alles zur »Norm« taugt. Damit sollen Bereiche einem »Kanon« integriert werden, die das Musikleben bisher nicht kanonisiert, sondern als Teilkultur für Minderheiten behandelt hat.

Immerhin kommen 1996 Turbulenzen auf: Muti und Harnoncourt verweigern sich, Theaterregisseur Peter Stein geht, die Wiener Philharmoniker hadern. Drei Tage vor Schluß der Festspiele sind noch 10 000 Karten übrig. Die schlimmste Drohung ist jedoch der Abzug einer Gemeinde, die Karajans Erbe zur »Norm« erhoben hat und in Baden-Baden 1998 ein neues Haus mit den Pfingst-Festspielen eröffnen will.

Mortiers Abwehrargumente sind jedoch nicht ästhetisch, sondern merkantil: »Pro Festival verdienen die Wiener Philharmoniker etwa 7,5 Millionen Mark. Das können sie so schnell nicht woanders zusammenspielen«, er bezweifelt, daß 2364 Plätze in Baden-Baden nur mit Mozart zu füllen seien. Und er geht zum ersten Mal auf den Empfang einer Plattenfirma. Der gilt allerdings der CD-Produktion seines Freundes Boulez, der für PolyGram Schönbergs »Moses und Aron« eingespielt hat.

Von solchen Gefahren ist Bayreuth weniger bedroht. Als Gegengründung zum profanen Kunstalltag wurden die Festspiele von Wagner 1876 ins Leben gerufen, Weihetempel der Kunstreligion, aber damals auch revolutionäres Gegenkonzept, denn ohne Ränge und Logen war ihr Haus der Sakralraum einer demokratischen Gemeinde, der verdeckte

Orchestergraben ermöglichte den neuen orchestralen Mischklang, das Aufführungsprivileg für den »Parsifal« wurde Wagners Vermächtnis. Anfänglich genügte sich Bayreuth als Weiheort, später wurden, bis zu Wieland Wagner (1966), immer wieder ästhetische Normen der Wagner-Deutung gesetzt. Auch danach entfalteten die Regiearbeiten von Patrice Chéreau, Harry Kupfer, Götz Friedrich oder Heiner Müller – oft erst nachträglich – Faszination. Wolfgang Wagners Regie (»Ring«, »Tannhäuser«, »Parsifal« und, 1996, »Die Meistersinger«) empfinden diejenigen als Wagner-Dämmerung, die mehr auf immer neue Bildphantasien setzen und weniger auf die Musik.

Einmalig im Opernbetrieb sind immer noch die langen Probenzeiten, die Förderung von jungen Talenten und Debütanten und die kontinuierliche Weiterarbeit an den Inszenierungen, die den »Werkstattcharakter« Bayreuths sichern. Einmalig ist auch die Authentizität des Genius loci, der eine selten gewordene Konzentration ermöglicht und ihn vor den Orgien des Kommerzes bewahrt. Die Honorare sind an die Rollen gebunden und weit unter Weltniveau, die Kartenpreise immer noch moderat. Mehr Kultstätte also als ästhetisches Leuchtfeuer, mehr Sicherung einer Botschaft, mehr Musik als Regieekstasen. Doch einige Konzessionen an die Medienverwertung zeigen sich auch hier: die Videos der Produktionen kommen noch vor den CD-Einspielungen auf den Markt.

Ein letzter Höhepunkt der Hochkultur sind noch immer die großen Opernhäuser – Hort der Stars, Objekt der Höchstsubventionen. Dabei gehört »das unmögliche Kunstwerk« (Oscar Bie) seit Jahrzehnten zu den totgesagten Gattungen. Von Boulez, der die Opernhäuser (ästhetisch) in die Luft sprengen wollte, bis zum Komponisten Franz Hummel, der 1995 meinte: »Die Oper haben wir hoffentlich hinter uns«, ist sie als ästhetisches Museum oft für erledigt erklärt worden. Aber der Museumsbetrieb floriert bestens.

Wahr ist, daß sich der Großteil des Repertoires aus dem 18. und 19. Jahrhundert speist. Das betrifft das gängige, internationale Repertoire von ungefähr 500 Titeln aus einem geschätzten Bestand von etwa 50 000 existierenden Opern. Dieser Fundus erweitert sich aber stetig. Vorwärts, in Richtung Moderne, durch neue Werke etwa von Henze, Zimmermann, Reimann, Penderecki, Rihm, Mathus, Katzer, Schnittke oder von Bose, und ebenso rückwärts, in die Historie durch Wiederentdeckungen von A. Scarlatti, Cavalli, Purcell, Rameau, Biber, Blow, Cesti, Rossi oder Landi. Entlegene Werke von Haydn oder Gluck werden mit der Inbrunst des Einmaligen als polierte Solitäre neu inszeniert und dadurch aus alten, routinierten Konventionen erlöst. Monteverdi, begeisternd präsentiert von Harnoncourt in Zürich, Wien und Salzburg, oder Händel in allen Spielarten sind schon fast Normalfall. Bei Händel zeigt die Spannweite von der historistischen Linie des Amerikaners Nicholas McGegan bei den Göttinger Händel-Festspielen bis zur experimentierfreudigen Revue englischer Regisseure in München den vitalen Repertoirewert.

Der Regisseur Joachim Herz bemerkt dazu trocken: »Das Erbe dominiert, weil es so gut ist.« Trotzdem kommt die Dynamik der Gattung, vor allem aber ihre Geltung im Musikleben, weder aus dem Repertoire noch aus der Musik, sondern von Regie und Bühne. Die Kollision zweier disparater Ebenen, Musik und Bühne, definiert zwar die Gattung, hat sich aber als Motor sowohl des modernen Opernlebens als auch der Karriere vieler Regisseure erwiesen. Ihre Regiekonzepte definieren die Vorstellung von heutigem Musiktheater viel stärker als die der Dirigenten – sehen wir von den Sängerstars ab, die noch immer – »bloß an der

Rampe, Arien *con tutta sforza* ins Publikum schmetternd«
– große Oper verkörpern, die man »nicht als Vokal-Idiotie
abtun kann« (Joachim Herz).

Spätestens mit Richard Wagners Gesamtkunstwerk aus
Sprache, Musik, Personenpsychologie und Bühnendrama-
turgie emanzipierte sich der alte, spitzfindige Streit »prima
la parole – seconda la musica« zur intellektuellen Konfron-
tation zwischen »Partitur« und »Theaterregie«. Dabei erweist sich die Partitur meistens als die Schwächere. Sie verbürgt zwar, als erklingende Musik, die Lebenskraft der
Gattung, aber nicht die Dynamik des Betriebs. Das intellektuelle Potential sieht der Zeitgeist, wie im Sprechtheater,
eher in der Regie. Walter Felsenstein hat es emphatisch zugespitzt formuliert: »Es gibt kein Orchester im Musiktheater. Das, was man aus dem Graben hört, zu hören glaubt,
ist das, was dort oben veranlaßt wird. Das Publikum muß
glauben, daß die mit ihren Instrumenten da unten noch
nicht wissen, was sie zu spielen haben, muß glauben, daß
sie's erst von der Bühne erfahren. Allein das Lebewesen auf
der Bühne, das *Bühnen-Lebewesen*, erzeugt die Musik.«

Hier verhüllt sich der Anspruch der Regie noch nobel hinter dem Menschen. Das vitale *Bühnen-Lebewesen* legitimiert noch die extremsten Spielarten der Personenführung
durch ein unangreifbares humanistisches Konzept. Aber
wie leicht wird es später für viele Regie-*Fauves* zur Rechtfertigung dafür, daß Regie und Partitur ganz verschiedenen
semantischen Ebenen folgen.

Natürlich bewegen die musikalischen Leistungen der Primadonnen und Heldentenöre Fans und Kenner nach wie
vor zutiefst, vielleicht auch jenes Publikum, das der direkten Botschaft der Musik mehr glaubt als der inszenierten
der Bühne und damit seine hoffnungslose Antiquiertheit offenbart. Aber die wirklichen Konflikte zündet die Inszenie-

rung. Ihr gehört die öffentliche Diskussion nach der Pre-
miere und der Platz in den Feuilleton-Rezensionen; sie entscheidet über den intellektuellen Rang eines Stückes, über
die Stellung in der Aufführungsgeschichte. Diese Aufführungsgeschichte aber ist ein Diskurs zwischen verschiedenen Modellen opernszenischer Ästhetiken: Realismus oder
Ausstattungstheater, kulinarische Regie oder analytische,
cineastische oder historisierende. Hinzu kommt das Pan-
theon der großen Regisseur-Titanen als Garantie ästhetischer Evolution gegen die Langeweile der bekannten Musik: von der Felsensteinschule bis Berghaus, Herz, Kupfer,
Konwitschny, der Berliner Schaubühnen-Ästhetik mit
Stein, Herrmann oder Bondy bis zu den imperialen Einzel-
tätern Neuenfels, Ponnelle, Zadek, Wernicke, Friedrich,
Chéreau, Sellars oder Schaaf. Es ist die »Ambiente Art«
von Robert Wilsons »slow motion« mit ihren betörenden
Licht- und Raumwirkungen, die neue Zeichen setzt. Es ist
die *Inszenierung* einer »Traviata« von Lluis Pasqual in Salzburg, 1995, die für Verrisse sorgt und für die Querelen zwischen dem Intendanten Mortier und dem Dirigenten Riccardo Muti, der mehr auf die alte Musik setzt als auf die
neue Regie.
Ein Ergebnis dieser Entwicklung ist der historische Wider-
spruch zwischen musikalischer »Authentizität« und regie-
philosophischer Aktualisierung. Das unvermeidliche und
unlösbare ästhetische Paradoxon wird besonders beim
wachsenden historischen Anteil im Repertoire greifbar.
Während sich nämlich die musikalische Aufführungspraxis
stetig zu »originaler« historischer Rekonstruktion ver-
schärft hat, erfahren Libretto, Handlung und Bühnenbild
eine ebenso vehemente Aktualisierung. Während ein Dieter
Dorn kategorisch erklärt: »Werktreue gibt es nicht«, fordert ein Harnoncourt den »Originalklang«. Peter Jonas, In-

tendant in München, beharrt: »Es ist unsere Pflicht zu interpretieren«, Joachim Herz hingegen findet die »Spaltung zwischen geheiligtem Notentext und *Catch as catch can* in der szenischen Ausdeutung nicht immer ehrenwert«.

Die Trias Flimm/Wonder/Harnoncourt mit ihren Händel-Aufführungen in Zürich (1994) oder mit Mozarts »Idomeneo« in Wien (1987) lieferte schöne Exempel für das moderne ästhetische Amalgam. Bei Händel reduziert der englische Dirigent Ivor Bolton das 120-Mann-Orchester der Bayerischen Staatsoper auf eine intime Kammerbesetzung, hochsensibel differenziert bis in unterschiedliche Basso-continuo-Gruppen für Arien, Rezitative oder Tutti. Aber dazu agieren gleichzeitig auf der Bühne Dinosaurier-Monster als aktuelles Zitat aus Spielbergs »Jurassic Parc«-Welt (»Giulio Cesare« von Richard Jones, München 1994). Das gleiche geschieht, wenn ein männlicher Altus in Unterhosen zwischen Krankenschwestern und moderner Aquariumtechnik *Calvin-Klein*-Ambiente kultiviert (»Xerxes« von Martin Duncan, München 1996). Wer freilich die historisierende Nachahmung bei den Göttinger Händel-Festspielen erlebt, mit barocken Trompe-l'œil-Malereien, Perücken, Gehröcken und Kniestrümpfen (»Riccardo Primo« in der Regie von Kate Brown, 1996), wird auch vom originalen Chalumeau, einer Vorform der Klarinette, im subtilen 22-Mann-Orchester nicht über das psychologische Problem makellos simulierter Historie getröstet.

Ist die moderne Opernpraxis also ehrlicher als die wissenschaftlich operierende historische Aufführungspraxis unserer Tage, die den Zeitgeist verbissen flieht – oder folgt sie nur der unbezähmbaren Dynamik des »Regietheaters« mit seinen vielen »Zeitgeistern«?

Äußert sich in der enthusiastischen Wiederentdeckung des männlichen Altus die Treue zur Historie oder eher pikantes

Bekenntnis zu einem androgynen Menschenbild? Traut man der Begeisterung eines Spitzenpublikums, das die inszenatorischen Anspielungen seiner Regisseur-Freunde ebenso bejubelt wie die sängerischen Ekstasen der Countertenöre, das Jessye Normans überwältigenden Ethno-Eros im Verfremdungspotential von Schubert-Liedern genauso identitätsstiftend erlebt wie den Maria-Callas-Kult, so wird hier eine neue Anthropologie gefeiert. Ist das eine neue historische Sensibilität oder ein hedonistischer Spätzeit-Manierismus mit lustvollem *outing* und »opera queen«? Ein Beitrag zur musikalischen »historical correctness« oder ein ästhetischer Tuntenball, der nicht die Früchte makabrer Messerkunst preist, sondern neue Geschlechterrollen, und ästhetisch das antizipiert, was genetisch bald möglich ist?

Zu fragen bleibt auch, ob die Karriere des Regisseurs (übrigens viel mehr im deutschen Kulturbereich als im angelsächsischen oder romanischen) in einer wesentlich von der Musik bestimmten Gattung tatsächlich mit der Passion für den Menschen auf der Bühne zu tun hat oder eher mit der Pan-Visualisierung unseres Fernseh-Jahrhunderts.

Ein Bereich, dessen historischer Anspruch als »Hochkultur« von der Gegenwart nicht eingelöst wird, ist die Kirchenmusik. Gemessen am Prestigewert und an der notorischen Mißachtung durch die Feuilletons, zählt sie eher zum Rand – Erbe, beschwert von der alten funktionalen Bindung ihrer Kunst. Gemessen an ihrer Publikumsbindung und vitalen Kraft ist sie aber immer noch eine wichtige Schicht unserer Musikkultur. Gemeint sind nicht nur die Marathons der Weihnachtskonzerte von Corelli bis Bach, die »Messias«-Serien oder die österliche Passionsflut von Keiser bis Pärt, gemeint ist vor allem eine subkutane Schicht musikalischer Potenz, ein Reservoir der Talente und ein Geflecht lebendiger sozialer Interaktion über Chor und Gemeinde.

Nichts war so wichtig für die breite Durchsetzung von Bachs Werk wie der engagierte Einsatz der vielen Kantoren und Organisten seit Ende des 19. Jahrhunderts. Nichts hat so viel Kulturhumus geschaffen wie die Kirchen- und Bach-Chöre, die nord- und mitteldeutschen Kantoreien. Von hier aus wurden Schütz, Buxtehude, Böhm und Tunder wiederentdeckt und die Klangwunder der Silbermann- und Schnitger-Orgeln. Von hier aus stiegen aber auch Künstler zu glanzvoller internationaler Wirkung auf, wie die neue Leipziger Schule mit Karl Straube, Günther Ramin, Karl Richter oder Helmut Walcha, der Dresdner Kreuzchor mit Rudolf Mauersberger oder Peter Schreier, Helmuth Rilling mit seiner Gächinger Kantorei oder Günter Jena als Treuhänder von John Neumeiers vertanzter »Matthäus-Passion« in Hamburg. Erst hier ist jene tiefe Vertrautheit mit Bach und Händel entstanden, die heute den vielschichtigen Interpretationskult zahlloser Einspielungen von »Matthäus-Passion« oder »Messias« trägt. Daneben bleibt sie auch Refugium eines Publikums, das von einem inspirierten Bach-Konzert in der »authentischen« Atmosphäre einer Barockkirche mehr hat als von einem routinierten Pultakrobaten aus den Supermärkten des Konzertbetriebs.

Trotzdem steht dieser Bereich heute in der zweiten Reihe. Schütz und Bach sind längst ebenso in den Konzertsälen heimisch wie ökumenischer Rock in den Kirchen. Ist das die unwiederbringliche Auflösung alter spiritueller Bindungen und Sinnkontexte – oder eine Chance, versunkene Musikwelten durch Säkularisierung zu retten, durch Aktualisierung zu beleben? Der Ausverkauf des kulturellen Tafelsilbers, oder doch das Glück, einen Gregorianischen Choral nicht nur in der Abtei von Solesmes, in St. Gallen oder Maria Laach hören zu können, sondern auch zu Hause?

Subkulturen

Was wäre der Olymp der Hochkultur ohne den Hades der gewöhnlichen Wonnen? Er wäre tatsächlich nichts, denn der Hades ist der handfeste »Produktbereich«, mit dem die mediale Hochkultur der Plattenfirmen finanziert wird. Der »Klassik«-Markt macht höchstens acht Prozent der Tonträgerproduktion in Europa, USA und Japan aus. In Deutschland konnte der Pop-Absatz 1995 seinen Marktanteil am Longplay-Gesamtabsatz über den Handel von 89,6 Prozent im Jahr 1994 auf 91,1 Prozent steigern. Entsprechend ist der Klassik-Anteil von 10,4 Prozent auf 8,9 Prozent gesunken. Und es wäre noch schlimmer gekommen, gäbe es nicht Marktrenner wie Vanessa Mae, Nigel Kennedy und »Die drei Tenöre«. Die weisen deshalb die Kritik an ihren Gagen – 15 Millionen Mark für jeden auf der weltweiten Städtetour 1996 – kühl zurück: »Wir wollen endlich *einmal* soviel verdienen, wie die Popstars *schon lange* bekommen«.

Hier ist die Arena, in der die eigentlichen Megastars unserer Musikkultur entstehen und die Mehrzahl der jungen Generation sinnliche und emotionale Identifikation erfährt. Sicher ist, daß das Lebensgefühl dieser Epoche nicht durch Stockhausen, Rihm oder Henze repräsentiert wird – aber auch nicht durch Bach, Mozart oder Verdi. Unübersehbar ist das turbulente Szenario der U-Musik der vitale Kernbereich zeitgenössischer Emotionalität und direkter musikalischer Sinneserfahrung, in dem viele ihre vegetative »Heimat« finden (und deshalb für Stockhausen, Bach oder Mozart nicht unbedingt unempfänglich sein müssen).

Unübersehbar ist auch, daß sich die Geltung von Hochkultur und Popkultur im öffentlichen Bewußtsein immer mehr annähert. Das weisen nicht nur die Verkaufszahlen der

45

Tonträger aus. Repräsentative Untersuchungen in den USA ergaben, daß eine Mehrheit der Amerikaner unter 50 Jahren glaubt, Reggae und Hip Hop, Patsy Cline und B. B. King seien ebenso wichtig wie die New Yorker Philharmoniker. Das hat dort bereits Konsequenzen für Image, Finanzierung und Sponsoring der klassischen Kultur, die noch gar nicht abzusehen sind.

Wie stark Ausmaß und Intensität dieser Identifizierung sind, illustrieren die Massenpsychosen der Szene, die nur der als Anekdote abtut, der sich auf den Verkehr mit Schütz oder Haydn beschränkt. Wenn städtische Nottelephone für emotional ins Bodenlose fallende Teenager eingerichtet werden müssen, weil sich die Pop-Formation »Take that« auflöst, dann ist das vielleicht ein Kapitel moderner Psychopathologie, aber auch ein Indiz für die wahren Verhältnisse im Emotionshaushalt der Jugend. Wenn Elvis-Presley-Fans in den Orgien des Memphis-Kitschkults ihr bürgerliches Selbst verlieren, dann zeigt das vielleicht die unbegrenzte Suchtneigung unserer Zeit, offenbart aber auch das unerfüllte Potential altmodischer Emotionen, beharrlicher Fixierungen, verzweifelter Nostalgien. Wenn eine vor 26 Jahren abgetretene Popgruppe aus Liverpool 1996 soviel verdient wie nie zuvor (die Verkäufe der Beatles-Alben »Anthology 1« und »Anthology 2« stehen bei 13 Millionen, die der alten Platten allein 1996 bei sechs Millionen) und zur weltweiten Legende quer durch alle Generationen wird, dann ist das mehr als die bloße Massensuggestion eines stets mehrheitsfähigen Trivial-Niveaus. Nicht einmal der hochkulturelle Bezirk der zeitgenössischen Avantgarde kann ihr widerstehen. Warum würde sonst der japanische Komponist Toru Takemitsu die Beatles-Songs umkomponieren? Viele Zeitgenossen hören die Nonenakkorde von Beatles-Songs oder die äolische Kadenz am Schluß von

Lennon/McCartneys »Not a second time« als Verbeugung vor Mahlers »Lied von der Erde« und Beatles-Songs deshalb nicht als U-Musik. Sie finden es deshalb keineswegs frivol, daß sie sich in »Yesterday« weit mehr wiederfinden als in Alban Bergs Violinkonzert oder Helmut Lachenmanns »Klangschatten«.

Sind die Beatles, die Kinks, Bob Dylan, die Rolling Stones oder Pink Floyd die Klassiker unserer Zeit? Definieren Joe Cocker, Bruce Springsteen oder Peter Maffay unser musikalisches Innenleben? Oder haben wir dort, wo andere Zeiten ihre verbindliche Musik hatten, nur die Historie: Bach, Mozart und Beethoven – oder gar das blanke Nichts?

Das akustische Panorama dieser Popkultur ist nicht weniger vielschichtig als das der Hochkultur. Nur ist es sehr viel schnellebiger und schwerer zu strukturieren. Es changiert in seinen Genres zwischen Rock, Pop, Disco, Mood, Grunge, Folk, Rap, Soul, Rhythm & Blues, Hip Hop, House und Acid-Jazz, Black Music, Reggae oder dem modischen Selbstversuch im Karaoke. Die großen Trends gehen meist vom angloamerikanischen Markt und seinen Gruppen und Stars aus. Mit Techno und Dance sind allerdings Produkte entstanden, die von Deutschland aus den Weltmusikmarkt erobern konnten.

Die einzelnen Sparten beanspruchen weniger eine präzise Systematik musikalischer Strukturmerkmale, sondern eher den Unterscheidungswert der Marketing-Etiketten. Eng verbunden mit dem Charisma ihrer Stars werden sie schnell zu auratisch geladenen »Duftmarken« ihrer Fans, sensibel psychologisch und soziologisch kommunizierend mit deren Gruppenidentitäten und Weltbildern, hochreaktiv auf die Umschwünge der Zeitgeiststimmungen.

Im orgiastischen Untergrund des Metiers, bei Techno, treffen sich die Urbedürfnisse sinnlichen Schallkults nicht nur mit den (vorzugsweise nonverbalen) Kommunikationsritualen der Adoleszenz, sondern auch mit Sucht, Trance und ekstatischer Ich-Vergessenheit. Ekstase bis zum Ich-Verlust scheint, wie die Zunahme des Schallpegels, eine Konstante in der Evolution zu sein: von der Rock-Musik über Heavy-Metal zu Techno. Tatsächlich ist das Genre mit seinen »Raves«, den oft 24stündigen Tanzpartys an ausgefallenen Lokalitäten, seinen Benimm- und Dreßcodes und den Kult-Diskjockeys zu *der* Jugendbewegung der neunziger Jahre geworden. Die großen Raver-Festivals in Berlin und München haben sich zum Fanal eines Gegenkults der Hochkultur entwickelt – und zu einem wichtigen Marktfaktor.

Ein grotesker Irrweg vom »Zupfgeigenhansl« der »Bündischen Jugend« am Jahrhundertbeginn mit Laute und Blockflöte zum psychedelischen Pandämonium der Techno-Unterwelt? Oder vielleicht doch nichts anderes als eine zeitgemäße Erscheinungsform unterweltlicher Rituale, eine orgiastische Gegenliturgie zum kalten Rationalkonzept der Tagwelt? Mithin das alte, mythologische Gegensatzpaar von apollinischer Überwelt und dionysischem Orkus, das uns Nietzsche für die Moderne neu beschworen hat?

Oder definieren die computergenerierten Techno-Datentracks ohne Melos, Texte und Musiker, kalibriert in *Beats per minute* (Ruhepuls: 70, Techno: 190–200) unseren Begriff von musikalischer Kultur bereits ins Gegenteil um? Eine *musica inhumana* also, ein magischer Nihilismus der elektronischen Desintegration des musikalischen Satzes in seine wildgewordenen Einzelteile?

Eine besondere Stellung nimmt die Jazz-Szene ein. War sie – im Aufbruch der Nachkriegszeit noch ideell verbunden mit der Avantgarde der Neuen Musik – ein wesentlicher

Bestandteil des Selbstgefühls einer Generation, so ist sie heute von der Pop- und Disko-Industrie in die Nische abgedrängt worden. Duke Ellington, Dave Brubeck, Miles Davis oder Stan Getz bleiben zwar große Namen, verlieren aber ihre Bedeutung als Chiffren eines Lebensgefühls, das antibürgerlichen Individualismus und moderate intellektuelle Musikalität signalisierte. Die klassischen Jazz-Clubs unterliegen im Verdrängungswettbewerb zwischen Trivial-Pop und Blues-Kultur, es gibt sie fast nicht mehr. Nur Gastspiele berühmter Stars und alter Legenden revitalisieren das Genre gelegentlich noch. Das 1953 gegründete Jazzfest Frankfurt gibt noch immer den Überblick von der alten Free-Jazz-Avantgarde zu den neuen Romantikern des Post-Coltrane-Klangs, das Montreux-Jazz-Festival floriert seit 1966 wie eh und je. Aber es sind eher Foren der Jazz-*Geschichte* geworden. Bezeichnend für einen anderen Wandel unseres Musiklebens ist auch, daß der Starruhm der Jazzer meist auf den Tonträgern gründet. Sie sind die Lebensader für die Legenden und Altmeister, für Louis Armstrongs Trompete, Benny Goodmans Klarinette, Charly Antolinis Drums, für Quincy Jones, Doldinger, Dauner und Mangelsdorff. Immerhin wurden 1996 vom Deutschen Bundesverband Phono fünfzehn »Jazz-Awards« für jeweils mindestens 10000 verkaufte CDs verliehen.

Auch hier changieren zahllose Richtungen, die oft, wie in der Pop-Musik, zu Marketing-Etiketten geworden sind und vom Traditional- und Modern-Jazz bis zu Swing, Bebop und Latin reichen, vom Blues Groove bis Cool und Ethno. Die »Fusion«-Bewegung betreibt seit den siebziger Jahren die Annäherung an alle Genres bis hin zur Avantgarde und hatte mit »Weather Report«, Chick Coreas »Return to Forever« und John McLaughlins »Mahavishnu Orchestra« sogar kommerziellen Erfolg.

Als Importartikel aus einer anderen Musikwelt war der Jazz immer das Zeugnis eines anderen Lebensgefühls, dessen vegetative Kraft der zeitgenössischen E-Musik so fehlt. Sein wirksamer Kern ist vor allem die Improvisation. Hier liegt die Seele des musikalischen Konzepts, hier lebt noch die letzte Schicht eines völlig anderen Musikverständnisses, wie es in der europäischen Musik bis zum 18. Jahrhundert verbreitet war. Es setzte, etwa in der Generalbaßpraxis, eine bekannte, nach Grundregeln organisierte musikalische »Sprache« voraus, in der sich der Spieler in der Aufführung, je nach Können, frei bewegte. Der spätere Anspruch auf unantastbare Originalität der Komposition im strikten Werkverständnis des romantischen Geniedenkens kollidierte noch nicht mit dem Recht des Musikers auf Spontaneität und momentane Inspiration.

Als Idiom eines anderen Lebensgefühls ist der Jazz übrigens schon in den zwanziger Jahren zum willkommenen Anreger der Avantgarde geworden. Paul Hindemith, Ernst Krenek, Erwin Schulhoff, Satie oder Milhaud hatten ihre Zeiten wilder Jazz-Begeisterung. Strawinsky frönte seiner Neigung zur süffigen Pointierung seiner Mittel über dreißig Jahre lang, von »Petruschka« (1911) bis »Preludium for Jazz-Band« (1937) oder »Ebony concerto« (1945). Wie sehr er damals zur Vitalspritze im brodelnden Labor der Musik-Moderne geworden war, zeigt ein Urteil des Musikkritikers Hans Heinz Stuckenschmidt von 1927. Er befindet: »... es ist ganz fraglos, daß das Jazz [sic!] die moderne Musik aus einer Krise gerettet hat ... Der Einfluß des Jazz ist, direkt wie indirekt, so groß, daß man sagen kann, 90 Prozent der neuen Musik ist ohne ihn undenkbar.«

Davon ist heute nichts geblieben. Der Jazz veredelt zwar neuen Pop und Rock durch seine alte Klasse, wird aber gleichzeitig von diesen nivelliert. In der »Weltmusik«, dem

neuen Genre der bunten Überblendung aus allen Musiksprachen, ist er plötzlich nur noch eine Stimme unter vielen. Als »Ethno Jazz« verschwimmt er im Megazirkus der
Schallmusen.

Alles andere als ein Minderheiten-Reservat ist hingegen das
Musical. Das amerikanische Importgut vom Broadway,
vielfach gekreuzt mit älteren und neueren europäischen
Spielarten des Genres von Suppé bis Offenbach und längst
geadelt mit Gershwin, Cole Porter, Loewe, Berlin oder
Bernsteins »West Side Story«, erobert Publikum und Märkte. »Cats« in Hamburg hörten und sahen bis Anfang 1996
bereits 4,27 Millionen Besucher, »Starlight Express« in Bo-
chum sogar 5,2 Millionen. Daneben tummelt sich eine stei-
gende Zahl von Stücken im deutschsprachigen Raum,
leicht machbare Schmuckstücke für Provinz und kleine
Kommunen, reizvoll alternativ für saturierte Metropolen.
Kein Zweifel, Musical-Aufführungen sind ein begehrter
Image- und Marktfaktor im kulturellen Unterhaltungsan-
gebot geworden, anziehend wie Großdiskotheken und Frei-
zeitparks, lukrativ wie ein Spielkasino und vielfach verwo-
ben mit kommunalen Subventions- und Immobilienverwer-
tungs-Strategien. Allein in Deutschland gibt es inzwischen
(1996) zwölf eigene Musical-Spielstätten, die wenige Groß-
veranstalter beschicken. Schon verfallen einige alte Opern-
und Theaterhäuser, materiell oder durch Entzug von Subventionen, also baut man sie um für die populäre Gattung.
Ist das der Aufstieg einer neuen Musikform aus der Trivial-
sphäre in die Verbindlichkeit einer feineren Kulturgattung?
Oder ist es vielmehr der Abstieg von dramma giocoso, opera buffa, opéra comique oder comédie en vaudeville über
Singspiel, Operette und Revue zum Medley der vertanzten,
verjazzten und verpopten Zeitthemen? Oder ist es nur die

amüsante Umkostümierung eines Genres, das sich in seiner Semantik gleich geblieben ist: Pergolesis »La serva padrona« oder Mozarts »Zauberflöte« im neuen, aktuellen Gewand von »Cats«, von »Irma la douce«, »Grease« oder »Rent«?

3. Die elektronische Philharmonie

Wie in einem Brennspiegel bündeln sich alle diese akustischen Welten in den elektronischen Medien: Early Music und Avantgarde, Hoch- und Subkultur. Dort, in der Arena der Tonträger, bei Platte, CD, Kassette und Video, auf der ins Uferlose wachsenden Zahl der Rundfunk- und Fernsehkanäle, »spielt« heute allein in Deutschland mehr Musik als in allen Konzertsälen der Welt zusammen. Sie ist nicht nur der Marktplatz der Information und das »Magische Theater« unseres Musiklebens, sondern garantiert auch ständige Verfügbarkeit und unbegrenzte Auswahl. Niemand wird leugnen, daß unser musikalisches Weltbild heute nicht mehr am Klavier oder im Konzertsaal entsteht, sondern am CD-Player und an den diversen Empfängern medialer Akustikwelten; der Klavierlehrer, das Hauskonzert oder gar die Partitur sind schon lange nicht mehr die wichtigsten Quellen unserer musikalischen Erfahrung.

Als zentraler Teil der modernen Bewußtseinsindustrie steuert der elektronische Faksimile-Pool der Tonträger unsere Erfahrungen und Urteile und macht uns schneller, als wir glauben, vom wahlfähigen Subjekt zum geheimen Objekt seiner Strategien, baut Image und Aura der Künstlerstars auf oder ab, erfindet und beendet Trends und Moden.

Wie eine enge Allianz von Markt und Ästhetik neue Realitäten unseres Musiklebens erschafft, zeigen aktuelle Medientrends wie etwa »Crossover« oder »Formatradio«.

»Crossover«, der gezielte Stilverschnitt aus Klassik und Pop, verwandelt unser Musikleben derzeit mit enormen Erfolg. Ursprünglich entstanden im Pop-Bereich als Kreuzung von Hip Hop und Metal, mischt er die Stilsphären der E-Musik mit denen der U-Musik in den Musikstücken, ihren Bearbeitungen und ihren Interpreten.

Längst kombinieren Serien wie »Dinner Klassik« (Sony) die Edelkantilenen der Musikgeschichte, laden Produkte wie »Moods« unter der Devise »Einfach nur entspannen – Sie haben ein Recht darauf« mit Arrangements bekannter Klassik-Melodien ein.

Neuerdings profilieren sich besonders die Geiger, historisch schon immer verdächtig als Volk musikalischer Vagabunden und Exhibitionisten, zur Bach-Zeit gehässig als »Bierfiedler« beschimpft, in Italien, bei Tartini und Paganini, sogar des Bundes mit dem Teufel geziehen. Nigel Kennedy spielte sich als geigender Punk in die Herzen der Klassik-Fans und produziert jetzt Alben mit eigenen Kompositionen auf der E-Violine (wie zum Beispiel »Kafka«, bei EMI, 1996). Vanessa Mae, sein exotisches Teenager-Gegenstück, füllt die Säle und verkauft die CDs mit laszivem Image und süffigem Bach. »Ich bin gefragt worden, ob das ein Pop-Album ist oder ein Beitrag zu einem neuen Stil klassischer Musik. Ich glaube nicht, daß es dafür eine Antwort oder auch nur die Notwendigkeit einer solchen Frage gibt. Wenn man gute Musik auf der Violine spielt, dann hat das einen sehr hohen ›feel good‹-Faktor ...«, legt ihr im Beitext der CD »Violin Player« (EMI, 1995) ihre Plattenfirma in den Mund. Auf der »feel-good«-CD folgt auf Bachs d-Moll-Toccata im orchestralen Pop-Sound »Classical Gas«, »Widescreen« und »Tequila Mocking-Bird«.

Aber auch unsere großen Sängerstars sind dabei. Die gemeinsame Glanzrolle der drei Tenöre in den Stadien der Welt ist nur die Spitze des Eisbergs. José Carreras etwa stellt in seiner CD »Passion« dreizehn »unvergeßliche Classical Favourites« zu einem »Album der Leidenschaft« zusammen. Dabei handelt es sich um mit Texten versehene (!) Arrangements aus der Schatzkammer der Hochkultur: das Thema von Brahms Dritter Sinfonie, den langsamen Satz aus dem Klarinettenkonzert von Mozart, dazu Albinoni oder sogar das Adagio aus Beethovens c-Moll Klaviersonate, der »Pathétique«. Thomas Hampson trällert (auf Angel) »The Best of Broadway«, Bryn Terfel tummelt sich bei Rodgers & Hammerstein (PolyGram), Kiri Te Kanawa singt englische Folklore, dirigiert von André Previn (Philips), Frederica von Stade Musical-Melodien mit dem Monteverdi-Choir und Orchester unter John Eliot Gardiner, Dawn Upshaw Rodgers & Hart (East West Records), Kathleen Battle glatte Pop-Melodien (Sony), und Barbara Hendricks begeistert sich für Walt Disney (EMI).

Ein »Dance Mix« mit dem Mambo aus Leonard Bernsteins »West Side Story« und Stücken von John Harbison, John Adams, Robert Morans oder Michael Torke kombiniert klassische Moderne mit hörerfreundlicher Avantgarde beim Decca Label Argo. Dort treffen sich auch der Filmkomponist Michael Nyman (der Musik zu achtzehn Greenaway-Filmen und für Ute Lemper schrieb) mit Graham Fitkin und Michael Torke oder der Saxophonist und Komponist John Harle mit Chick Corea, Richard Rodney Benett mit Gavin Bryars. Auch das noble Kronos-Quartett führt Avo Pärt *und* Jimi Hendrix (»Foxy Lady«) auf, im selben Konzert, auf derselben CD. Die feinsten Häppchen aus Schuberts »Impromptus« kombiniert das Label Sensual Classics Too mit Petitessen von Tschaikowsky und Beethoven und einem Cover, auf dem sich zwei gepflegte Herren mit blanker Muskelbrust umarmen: »Zwei Männer – eine Leidenschaft«.

Aber das musikalische Doppelgängertum gibt es längst auf beiden Seiten. Auch die andere Richtung penetriert mit Leidenschaft. Sting, Klassenprimus der Popstars und Aktivist für den Regenwald, ist schon lange Grenzgänger zwischen Rock, Klassik, Jazz und Folklore, Procul Harum musiziert mit den Londoner Symphonikern, der wache Rocker Elvis Costello mit dem Balanescu-Quartett. Philip Glass, Galionsfigur der Minimal Music, ließ sich bereits mit einer Neumischung von Gavin Bryars »The Sinking of the Titanic« und seiner »Low Symphony« (stets mit Hilfe von Koproduzent Richard D. James) auf einen klassisch maskierten Pop-Verschnitt ein und produzierte nun mit »Icct Hedral« etwas, das unter »Ambient Techno Music« gehandelt wird, aber nichts anderes als Techno ist. Das größte Problem mit solchen »Crossover«-Produkten haben die Herausgeber der CD-Kataloge und die Plattenverkäufer, weil sie entscheiden müssen, zu welcher Sparte diese Erzeugnisse zählen, in welchem Fach sie im Laden zu finden sind.

Barry Guy betätigt sich schon seit 1970 als musikalischer Vagant mit Bach, Händel, Mozart und Beethoven auf der einen Seite und mit seinem »London Jazz Composer Orchestra« auf der anderen. Eine neue Spielart zeigt uns auch der Libanese Rabih Abou-Khalil. Wenn er arabische Musik für das renommierte Balanescu-Quartett in klassischer Streicherbesetzung instrumentiert (»Arabian Waltz«), dann synthetisiert er »Ethno« und westliche Hochkultur zu einer Mischung, die in Richtung »Weltmusik« geht.

Die neue Symbiose zwischen den Ikonen der Popwelt und den Olympiern der Klassik bleibt nicht auf das Studio beschränkt. Sie funktioniert auch live bestens. Luciano Pavarotti ist natürlich mit von der Partie, wenn er in seinem Heimatort Modena ein Konzert »For the Children of Bosnia« gibt. Zusammen mit den Pop-Größen Meat Loaf, Michael Bolton, Zucchero und der Band »U 2« trällerte er sich durch den »Bajazzo«. Mit dem Italo-Rapper Jovanotti, mit Bono und den »Chieftains« adelt er »Funiculi, funicolà« oder »Nessun dorma«. Veranstaltungen wie »Night of the Proms« in der Dortmunder Westfalenhalle oder der

Münchner Olympiahalle vereinen den blinden italienischen Tenor Andrea Bocelli samt 70-Mann-Chor mit Pop- und Rock-Ikonen wie Al Jarreau, Roger Hodgson, John Miles und Bryan Ferry. Sie kreuzen beherzt Beethoven, Dvořák, Wagner, Tschaikowsky, Rossini, Strauss, Orff und Elgar mit Songs wie »Avalon«, »Roof Garden« oder »Fool's Overture«.

Natürlich ist das Phänomen nicht so neu, wie es uns verkauft wird. Caruso und die Melba sangen genauso Schlager auf die ersten Amberol-Walzen wie Catherina Valente, leichte Muse der Adenauer-Zeit, ihre verjazzten Tschaikowsky- und Debussy-Versionen auf die LP. Der Richard-Wagner-Tenor Peter Hoffmann wurde 1982 mit seinen opernfremden »Rock classics« gefeiert und füllt jetzt mit Country Music die ausverkaufte Alte Oper in Frankfurt. Im legendären Berlin der zwanziger Jahre hatte keiner etwas gegen den routinierten Metierwechsel der Stars. Tilla Durieux vertauschte am gleichen Abend das Weib des Potiphar aus der »Josephslegende« von Richard Strauss mit der Gräfin Werdenfels in Wedekinds »Marquise von Keith«, um danach noch als Chansonnette in irgendeinem Künstlerklub aufzutreten.

Gustaf Gründgens brillierte abends in der Hochkultur als Mephisto und sang zwei Stunden später schlüpfrige Chansons in ebensolchen Bars. Jacques Loussier, Altmeister der Barock-Adaption, hat mit »Play Bach« Maßstäbe ästhetischer Umpolung gesetzt, die man erst zu schätzen wußte, als die »Swingle Singers« folgten oder Wendy Carlos die Brandenburgischen Konzerte mit dem Synthesizer behandelte. Der Pianist Keith Jarrett wechselt ambivalent zwischen Bach, Händel und Jazz, und Friedrich Gulda betrachtet schon seit langem sich und den alten Mozart als kongeniale »Raver«.

Aber die Szene verändert sich rapide. Aus dem amüsanten Spiel der Talente zwischen den Genres wird eine gezielte, kommerzielle Marketingpolitik.

Die Klassik-Branche leidet unter starken Umsatzeinbußen. Die Image-Kultur von Vielfacheinspielungen der De-luxe-Klasse durch die großen Labels bricht ein. Das Publikum hat seine Favoriten x-fach zu Hause stehen, der Handel wird die vollen Regale mit 30 Einspielungen der kompletten Beethoven-Sinfonien, 33 Aufnahmen von Mahlers Zweiter Sinfonie, 34 von Bruckners Vierter, über 60 von Beethovens Neunter und über 80 von Mozarts »Kleiner Nachtmusik« nicht mehr los. Und das um so weniger, wenn drei Firmen meinen, sie müßten zur gleichen Zeit das gleiche Musikstück mit verschiedenen Stars herausbringen, um so einen Klassik-Bestand von über 35 000 Katalogtiteln zu bereichern. Billig-Labels, die nur ein Viertel kosten, ausländische Importe und die historische Konkurrenz aus den eigenen Archiven unterbieten die Hochpreisstandards. Eine weitere Inflation droht aus den offenen Archiven des ehemaligen Ostblocks. Zuerst wurden die Orchester und Klaviergenies der Sowjetunion exportiert, jetzt werden die archivierten Schätze mit Tausenden von Bändern zu Ausverkaufspreisen auf CD vermarktet (wie etwa bei Telstar Records). Zugleich bleiben die Produktionskosten für Neuaufnahmen mit den großen Stars und Eliteorchestern so hoch, daß die Investitionen oft erst nach Jahren wieder eingespielt sind.

Hier sind neue Strategien gefragt. Eine bekannte japanische Firma, angetreten mit dem Ziel, Marktführer im deutschen Raum zu werden, betreibt massive Frontbegradigung. 1995 wird der Hamburger Hauptsitz nach London verlegt und der teure Vertrag mit den Berliner Philharmonikern nicht fortgesetzt, 1996 werden österreichische Büros geschlossen. Die Soundtracks aus den Filmen werden intensiv als neues CD-Genre verwertet, die Broadway-Melodien als enge Verwandte der Klassiker entdeckt. Crossover wird zur kalkulierten Repertoire-Strategie, um neue Märkte und Käuferschichten zu gewinnen. Denn Nigel Kennedy hat es mit Vivaldis »Jahreszeiten« schnell auf über 2 Millionen verkaufte CDs gebracht, Vanessa Mae auf 1,5 Millionen. Vorhandene Ressourcen werden verstärkt ausgebeutet, weil sich Neuproduktionen, nicht zuletzt wegen der Stargagen, kaum mehr rechnen. Sogar der Chef der Berliner Philharmoniker, Claudio Abbado, muß sich gefallen lassen, daß seine Plattenfirma (1996) einen Zusammenschnitt langsamer Sätze aus verschiedenen Mahler-Sinfonien unterschiedlicher Orchester als CD zusammenkoppelt. Ein traumhaft luxuriöser Adagio-Mix – leider ohne seine Zustimmung. Hier scheint nun endgültig das letzte ästhetische Feigenblatt vor dem Kommerz zu fallen. Aber werden nur Star-Eitelkeiten und Verträge verletzt oder auch die ästhetische Autonomie des Kunstwerks – wenn Gustav Mahler selbst das gleiche getan hat? (Er führte einzelne Sätze seiner Sinfonien separat auf und hat Sinfonien der Wiener Klassiker massiv bearbeitet.)

Der Trend dehnt die Geschmacksgrenzen weiter aus, und zwar fast immer nach unten: die aktuelle Imagepflege der Klassik will den schrilleren Hautgout der Popwelt. Auch renommierte Labels gieren nach dem seichten Terrain. Die BMG-Serie »Otto's Welt der Klassik« treibt den Beelzebub »Techno« mit dem Teufel einer Fast-Food-»Klassik« aus. Mit der Ermunterung »Für alle, die bei Vivaldi an Nachbars Lumpi denken« präsentiert sie unter bizarrem Comic-Design Bach, Vivaldi, Mozart, Beethoven, Chopin, Brahms, Wagner, Tschaikowsky und Grieg. PolyGram macht das gleiche unter dem Motto »Mad about« und ähnlichen Comic-Covers »zum Mad-Preis« mit zwanzig Klassik-Titeln. Der Promotiontext des feinen Gelb-Labels nimmt dem antiquierten Klassikjünger die letzten Illusionen: »Classic don't touch. Das ist doch Quatsch. Klassik kann verdammt gut antörnen«. Die Werbung dazu steht im »Burger King Journal«. Bei McDonald's gehen zwischen den Hamburgern längst CDs von BMG Ariola über die Theke – denn dort sitzen sicher auch die neuen Klassikjünger.

Werden wir Zeuge eines verzweifelten Marketing, oder wird hier etwas zur Popularisierung der Klassik getan? Sind die Verkaufserfolge die Belohnung, daß man endlich Zäune zwischen verschiedenen Musikwelten einreißt, die »Klassik zum Anfassen« schafft, die »Kunst vom Sockel holt« – oder handelt es sich nur um ein neues Produkt?

Sind Crossover und Kompilations-CD die gleichen hoffnungsvollen Vorboten einer großartigen Bewußtseinserweiterung im »Wassermann-Zeitalter« wie die Kaffee- oder Spaghettiwerbung mit Händelmusik? Kommt endlich die alchemistische Hochzeit zwischen den Gattungen in der pluralistischen Weltkultur des *New Age,* wo der arabischen Oud ebenso viel Recht zugebilligt wird wie der Violine und der Trauer von Joan Armatrading die gleiche Würde wie den »Nocturnes« von Chopin?

Ähnliche Entwicklungen wie in der Tonträgerindustrie gibt es auch beim Hörfunk. Von Anfang an war er die klassische Domäne des modernen Musiklebens. Dort fing als elegante Spielart der »Hochkultur« an, was später ins Zielgruppen-Radio wanderte: die »ernste Musik«. Ein Minderheitenprogramm, das die historische Patronage des Mediums über die Musikkultur fortsetzte. Aufregende Live-Übertragungen von Konzerten der eigenen hochkarätigen Orchester, Raritäten aus den reichen Schallarchiven, junge und regionale Komponisten, spannende Interpretationsvergleiche, diskographische Exkursionen, brillante Essays und tiefgründige Nachtprogramme bildeten eine ganz eigene Kulturschicht aus, ein nobles Feuilleton der hörenden Stände. Inzwischen verraten Titel wie »Klassikpromenade«, »Konzertpodium« oder »Klassik Plus« mit leichtem bis wunschkonzerthaftem Geplauder bereits das Bemühen um ungezwungene Popularität. Mit den privaten Radiosendern in der neuen Medienarena spitzt sich die Lage zu. Befreit vom Bildungsauftrag der Öffentlich-Rechtlichen, aber mit der Kommerz-Faust der Werbung im Nacken, wandelten sich Programmstrukturen und -inhalte drastisch. Haben die *Easy Rider* des Genres den Trend zur Popularisierung der Klassik mittels Auswahl der Ohrwürmer aller Zeiten nur weitergetrieben, so heißen die neuen Strategien jetzt »Spartenprogramme« und »Formatradio«. Ersteres meint, genau wie in der heraufziehenden Fernsehwelt der 500 Kanäle, die strikte Ausrichtung auf bestimmte Zielgruppen nach der Definition der Marktforscher, nicht der Redakteure. Das andere ist ein vom Computer konstruiertes Programmschema, das »funktionale« Musik, viel Werbung und wenig Mensch mit wenig Text zu sekundengenauen Zeitbudgets kombiniert. Damit werden Musikredaktionen ebenso überflüssig wie Autoren, Reflexionen oder sonstige vermittelnde Humanleistungen. Die Programme machen jetzt Computer, Marketing und Werbung. Das gleiche Konzept lauert hinter dem Zugriff der internationalen Medienkonzerne auf die kleinen Privatradios der Ballungsräume. Mit ihrer Integration und internationalen Vernetzung wird eine gezielte Vermarktung angestrebt: »Werbezeitenverkauf extrem optimieren« formuliert der RTL-Radio-Chef die neue Devise.

Auch hier sind nicht künstlerische, kulturelle oder ästhetische Gründe die Auslöser der Veränderungen, sondern kommerzielle und technologische. Ihre Auswirkungen sind allerdings definitiv künstlerischer, kultureller und ästhetischer Art. Die Folgen sind nämlich »Pipelines der Musik« (Intendant des VIVA-TV-Musikkanals) oder die bunten, allerdings raffiniert nach Marketingstrategien konzipierten Einzelteil-Verschnitte, zusammengestellt für Programme wie »Rendezvous der Sinne«, »Sound of Silence – die Musik zum Atemholen«, »Kuschelklassik«, »Musik für gewisse Stunden«. Ihre Entsprechung haben sie in den »Konzept-Produkten« der CD-Branche wie »Dinner-Klassik«, »Christmas in Vienna« und den diversen Kompilations-CDs.

Sind es reizvolle Werkzitate, die Lust auf das Ganze machen, ein längst fälliger Demokratisierungsprozeß der Hochkultur – oder ein hemmungsloser Ausverkauf, die Billig-Vermarktung der Musikgeschichte und unserer spirituellen Ressourcen? Ist es das Katzengold einer edlen Schallkulisse für alle Lebenslagen, aber ohne jede Verpflichtung – oder ein zeitgemäßes Gegengift gegen die röhrenden Pop-Orgien auf allen Kanälen, den akustischen Overkill der E-Gitarren, den Dudelfunk aller Schwachsinnsklassen? Oder handelt es sich gar um einen historisch notwendigen Kontrapunkt der Konsonanz »schöner Stellen« zu einer Moderne, die die Dissonanz als Ausdruck der Zeit feiert?

Immerhin liegt diese Ästhetik offen zutage. Man bekommt, was man hört. Ist das, was man hört, aber auch tatsächlich das, was man zu hören meint?

Begibt man sich in den innersten Bereich der Medienkultur, etwa in die Produktionsstätten der Tonträger, so liegen die Mittel ästhetischer Wirkung weit weniger offen zutage, obwohl ihre Folgen noch viel weitreichender sind.

Wenn heute auf den CDs renommierter Labels eine große Sopranistin die Spitzentöne exponierter Lagen singt, wenn schwierige Stellen in einer Bach-Partita für Violine solo in historischer Spielpraxis so unendlich besser klingen als in den Live-Konzerten des gleichen Künstlers, wenn erlesene Orchesterklangbilder von fabelhafter Delikatesse mit höchst virtuosen Spitzentempi ablaufen oder wenn uns atemberaubende Schlagzeugpatterns die Hitze in die Glieder treiben, dann gibt es nicht die mindeste Garantie dafür, daß die genannten Künstler auch die Urheber dieser Leistungen sind. Je brillanter und virtuoser, desto größer die Wahrscheinlichkeit, daß dies und noch viel mehr in der elektronischen Welt des Studios erzeugt oder planvoll veredelt wurde. Die Live-Aufführungen großer Sängerstars der Klassik stehen längst unter Playback-Verdacht. Schon 1992 hatte die BBC einen Prozeß gegen Tenorwunder Pavarotti angestrengt, weil er in einem von ihr übertragenen Konzert nicht live gesungen hatte. Kein Wunder, denn in den Rock-Tempeln und Megahallen halten die wenigsten Künstler der brutalen Akustik *live* stand. Das ist höchstens für den gläubigen Klassikjünger Grund zur Empörung, denn in der U-Musik, auf den Tourneen der Kult-Bands oder in den Musikshows des Fernsehens ist das längst gängige Handwerkspraxis: Man bewegt Lippen, Miene und Glieder synchron zu der längst gespeicherten, perfekt veredelten Konserve, die akustisch unser Ohr erreicht. Und die vielen Tonnen elektronisches »Equipment« der großen Rock- und Popbands sind kein Ärgernis, sondern fester Teil ihrer Ästhetik. The show must go on.

Nichts als Schwindel und fake, oder ein Mittel, das uns endlich unsere ästhetischen Utopien einlöst? Totengräber der lebendigen Musik oder Verwirklichung einer idealen Perfektion des musikalischen Ereignisses, die wir uns so sehnlich wünschen, wenn wir in einer mißglückten Aufführung Qualen leiden?

Teil II. Wie es dazu kam

1. Die Kontrapunktik von Moderne und Historismus

Ein Umbruch als Aufbruch

Mitte des 18. Jahrhunderts ereignet sich in der Musik ein tiefgreifender Wandel.

Der Generalbaß entspricht nicht mehr dem Zeitgefühl, und das feste, komplex gefügte Idiom des Kontrapunktes gerät als »altmodisch« ins Abseits. Schon Bachs letzte Werke, sein »Musikalisches Opfer« oder die Zusammenstellung der h-Moll-Messe und mehr noch die postum herausgegebene »Kunst der Fuge«, waren Vermächtnisse einer vergangenen musikalischen Welt. Der Mainstream pulsierte längst nach anderen Regeln. Telemann, Musikdirektor in Hamburg, kokettierte bereits mit der neuen »Empfindsamkeit« im »galanten Stil«, die Bach-Söhne Wilhelm Friedemann, Carl Philipp Emanuel und der »Londoner« Johann Christian lockerten den Kontrapunkt auf: der geniale, unglückliche Friedemann, weil er den Atem im ererbten Furor der Polyphonie leicht verlor; Carl Philipp Emanuel mit bewußt neuen Formelementen, etwa in seinen Klaviersonaten; Johann Christian im bewegten Feuer seiner Opernouvertüren, die das Wunderkind Mozart zutiefst ergriffen. Mit dem neuen Seufzer-Sentiment und nicht weniger im Subjektivismus des musikalischen »Sturm und Drang« begann sich das kontrapunktische Geflecht gleichberechtigter Stimmen aufzutrennen in Melodie und beiläufige Begleitung, und die Harmonik erweiterte sich. Die alten Gattungen wie Fuge, Suite oder Concerto machten den neuen von Sonate, Divertimento und Sinfonie Platz. Aber dieser offene Umbruch war auch der verborgene Aufbruch in eine neue Hochphase: die Wiener Klassik.

Ihre Musik folgt anderen Satzvorstellungen. Waren die Fuge oder die vielen Sätze einer Suite von einem meist eher allgemeinen als individuellen Thema geprägt, das man mittels Fortspinnung, Verkürzung, Vergrößerung oder Umkehrung behandelte, so werden jetzt mehrere Themen und ihre Verwandlung durch thematisch-motivische Arbeit Grundlage der Musik. Das Zeitalter der thematischen Prozesse bricht an. Dem gleichmäßig fließenden instrumentalen Kontrapunkt lag, am klarsten greifbar im »Continuo« des Generalbasses, eine physikalische, gewissermaßen »objektive« Zeitvorstellung zugrunde. Als »kontinuierlicher Satz« wurde sie zum Ausdruck einer quasi proportionalen Ordnung. Jetzt bricht sich in der Kadenzgliederung und dem Gegeneinander der Tonfolgen mit ihrem bewegten Dialog auf verschiedenen Ebenen eine subjektive Zeitgestaltung Bahn. Wie feste Partikel und Körper treffen, vor allem in den schnellen Sätzen, einzelne Satzelemente aufeinander, schaffen eine neue Dynamik und mit ihr das Notenbild des »diskontinuierlichen Satzes« (Thrasybulos Georgiades), das für die Wiener Klassik so charakteristisch ist. Trennte vorher die Pause Abschnitte eher formal, so bricht sie jetzt als Schreck und plötzliche Zäsur ein und erzeugt Betroffenheit, markiert Umschwung. Diese impulsstarke Struktur, als »durchbrochene Arbeit« bei Haydns Kammermusik oder in der lebhaften »Theaterhaltung« von miteinander und gegeneinander agierenden und redenden Personen in Mozarts Opern und Sinfonien so plastisch greifbar, ist auch Ausdruck für ein neues Menschenbild, ein anderes Welterleben. Tönende Rede und Gegenrede sind Zeichen einer neuen musikalischen Sprache voll individueller, menschlicher Gefühle. Eine dramatische Dialektik voller Heftigkeit und

Umschwünge löst die alte barocke Ästhetik von der Ein-
heitlichkeit des Affekts ab. Kontraste und überraschende
Wendungen stellen den Hörer vor immer neue Situationen.
Wo aber persönlich agiert und individuell »gesprochen«
wird, muß es die Person geben, ein Menschen-»Ich«, das
spricht: Das reale Subjekt tritt in der musikalischen Struktur auf. Es ist nicht mehr als bloßes Fugen-»Subjekt« oder
dessen »Kontrasubjekt« repräsentiert, als Reflex einer
»proportionalen« Ordnung, sondern als ein persönlich rea-
gierendes und redendes »Ich«, das sich in musikalischen
Prozessen verwandelt und entwickelt.

Daraus entsteht eine völlig andere Zeitstruktur der Musik.
»Sinn« entsteht in der klassischen Sonatenform nämlich im
»Werden«: erst indem das anfänglich vorgestellte Thema
und seine Ordnung aufgebrochen, verwandelt und neu
konstituiert werden. Dieses »Geschehen« als unkalkulier-
barer Prozeß von einem »Vorher«, »Jetzt« und »Nachher«
erschafft eine *modale* Zeiterfahrung: das Bewußtsein von
Vergangenheit, Gegenwart und Zukunft. Damit aber bricht
die neue Zeiterfahrung des »Geschichtlichen« ins kompositorische Bewußtsein ein und verändert die musikalische
Faktur des Satzes.

Joseph Haydns Streichquartette op.33 von 1781, die »Rus-
sischen Quartette«, zeigen diese Satzarbeit und sind damit
zu einer Gründerurkunde der Wiener Klassik geworden.
Haydn war sich dessen sehr wohl bewußt, denn er merkt
ausdrücklich an: »Sie sind auf eine gantz neue Besondere
art.« Das gleiche Konzept teilt auch Beethoven, wenn er
nicht mehr »in« Formen, sondern »mit« Formen komponiert.

Dieser musikalische Wandel vollzieht sich in enger zeitli-
cher Nachbarschaft zu anderen Zeugnissen des neuen geschichtlichen Denkens. Deshalb spricht der Historiker

Reinhart Koselleck von einer »Schwellenzeit«, die er um das Jahr 1775 datiert. Der Philosoph Michel Foucault bezeichnet das gleiche als »Sattelzeit« und bewertet die Geburt des historischen Denkens sogar als einen Paradigmenwechsel.

Der Einbruch einer anderen Zeitvorstellung ins Komponieren ist aber nur eine erste Erscheinungsform von Geschichtlichkeit in der Musik. Das, was hier als neue Logik des musikalischen Formulierens die Musik selbst verändert, wird schon wenig später mit der begeisterten Hinwendung zur geschichtlichen Vergangenheit im musikalischen Historismus zu einem Schicksal unserer ganzen Musikkultur, das uns bis heute in Bann hält.

Der Wandel ist also der Keim einer folgenschweren Entwicklung, die aus der gleichen Wurzel zwei recht verschiedene Triebe treibt. Der eine ist *evolutionär* und bezieht seine Dynamik aus den Metamorphosen des Menschenbildes und dessen Wirkungen auf den musikalischen Satz. Er reicht vom Aufbruch der Wiener Klassik bis zum Subjektivismus der Avantgarden im 20. Jahrhundert. Der andere Trieb ist *retrospektiv*. Seine Dynamik greift »nach rückwärts« aus und führt bei der Entdeckung der vergessenen musikalischen Vergangenheit auf den langen Weg zurück in die Musikgeschichte.

Die musikalische »Ich«-Evolution bis zur Spätromantik

Das veränderte Bewußtsein des »Ich« in der Welt spiegelt sich im Komponieren der großen Persönlichkeiten unserer Musikgeschichte.

Bei Mozart beginnt das »Ich« als freie Größe kraftvoll zu agieren – und das nicht nur, weil er ein Genie ist. Er reibt sich als Sozialwesen an den ständischen Schranken, definiert sich als Geisteswesen spirituell im Freimaurertum und fängt an, sich als Musiker aus der Botmäßigkeit des musizierenden Lakaien zu befreien. Beethoven führt diesen Impuls weiter bis in eine trotzige Selbstbehauptung, die ihm erstmals in der Musikgeschichte eine Existenz als unabhängiger Künstler sichert. »Freiheit« ist ihm ein unbedingtes Leitmotiv, das sich in seinem Leben wie in den Umbrüchen seiner musikalischen Tempi spiegelt. Im Ethos seiner Weltbewältigung, in der Fähigkeit, »ein Schicksal sprechen zu lassen«, wie Furtwängler sagt, gelangt er aber auch bis zum Bewußtsein einer verzweifelten, existentiellen Ausgesetztheit, das er in seiner späten Kammer- und Klaviermusik als schroffe Strukturbrüche und scharfe »Ich«-Dissoziation umsetzt: »Das Äußerste wird zur Norm« (Harry Goldschmidt). Noch ergreifender wird dieser Zug bei Schubert, der weit weg von heiterer Biedermeieridylle und Schubertiaden-Seligkeit in seiner »Winterreise« oder den Sinfonien in C-Dur und h-Moll Verzweiflung und Seinsverlassenheit ergreifend musikalisch artikuliert: Das »Ich«, in Mozarts abgründigen Trauer-Eintrübungen vor dem Hintergrund einer strahlenden Seinsgewißheit noch mit dem Schicksal versöhnt, erfährt sich hier in depressiver und auswegloser Vereinzelung – eine in der metaphysischen Welt von Palestrina oder Bach ganz unvorstellbare Situation. Bei Richard Wagner schließlich wird die subjektive Seelenmalerei zur wuchernden Reflexion und komplexen musikalischen Psychologie. Jenseits mythischer Weltdeutung im »Ring« oder magischer Erlösungssehnsucht im »Parsifal«, strebt sie im monomanen »Tristan«-Fieber von Eros- und Schuldverstrickung zur rauschhaften Selbstauflösung. Hier gelangt das »Ich« schon an eine Peripherie dunkler Seelen- und Triebwelten, an der sich die Geister noch heute in besinnungslos Süchtige, ehrfürchtig Schaudernde und entsetzt Flüchtende scheiden – abgesehen von denen, die sie nur als Kapitel einer weiteren Evolution der Satzlogik verbuchen.

Diese Dynamik erschafft sich ihre eigenen musikalischen Mittel in Klang, Harmonik und Form. Ihr geschichtlicher Weg führt vom weitgehend besetzungsneutralen Satz des Mittelalters, in dem der Ausdrucksbereich spezifischer Klangbilder noch kaum mit dessen Konstruktion verbunden war, über die »emblematische« Instrumentation der Barockzeit mit einzelnen Instrumentengruppen und das klar strukturierte Sinfonieorchester der Wiener Klassik bis zur raffinierten Klangdramaturgie von Wagners riesigem »Ring«-Orchester. Im Orchester von Haydn, Mozart und dem frühen Beethoven waren die drei Klanggruppen von Streichern, Holz- und Blechbläsern noch klar unterschieden und nach der Satzfaktur, also gewissermaßen idiomatisch, gebunden. Bereits der späte Beethoven erweitert Radius und Ausdrucksdramatik der Instrumente erheblich. Ein Beginn wie der dunkle Pianissimo-Klangteppich von Kontrabässen und Violoncelli in Schuberts h-Moll-Sinfonie und erst recht das schaurige Klangszenario der »Wolfsschlucht«-Szene in Carl Maria von Webers »Freischütz« sprengen das feste Konzept der klassischen Sinfonik endgültig. Bei Wagner schließlich und in der diffizilen Farbenwelt der Spätromantik gewinnt die Dimension der Klangwirkung ihre Autonomie und wird zu einem wesentlichen semantischen Element der Komposition. Das »sprechende« Orchester Wagners illustriert nicht nur, sondern kommentiert, antizipiert und deutet Personen und Handlung als eigene Bedeutungsschicht des Satzes. Die bis dahin – wenigstens konzeptionell – der »Aufführungspraxis« überlassene Instrumentation wird nun Teil des kompositorischen For-

mulierungsprozesses selbst. Während Hector Berlioz sie als klangliche Selbstverwirklichung der Musik begeistert feiert und in seiner bekannten Instrumentationslehre ausformuliert, verstört sie später Theodor W. Adorno als »Krise der musikalischen Logik« zutiefst. Die Emanzipation der Klangfarbe führt zur höchsten Differenzierung des Orchesters, die alte Gruppenstruktur weicht der neuen Mischklangtechnik psychologisierender Farbenvaleurs, subtilster Abschattungen, Überblendungen und Nuancierungen. Gleichzeitig wächst das Orchestervolumen gewaltig an. Der Kern des Sinfonieorchesters der Wiener Klassik umfaßt ein chorisch besetztes Streichquintett und doppelte Holzbläser, je zwei Hörner und Trompeten mit Pauke, Wagner hingegen bringt es im »Ring«-Orchester auf 16 erste und zweite Violinen, 12 Bratschen und Celli, acht Kontrabässe, dreifache Holzbläserbesetzung mit Baßklarinette und Kontrafagott, vier bis acht Hörner und Posaunen, vier Tuben und Kontrabaßtuba und bis zu sechs Harfen. Der Höhepunkt des spätromantischen Kolossalorchesters wird in den Tondichtungen von Richard Strauss oder bei Schönbergs »Gurreliedern« erreicht. Wie ein gewaltiger Sonnenuntergang färbt ihr Farbenspiel noch einmal den Abendhimmel über der ausklingenden sinfonischen Epoche.
Nicht minder differenzieren sich Harmonik und Form. Von den wenigstens im Grundplan klaren Konturen der Wiener Klassik führt der Weg bis zu den labyrinthischen Verschlungenheiten der Wagnerischen Reizchromatik und seiner »unendlichen Melodie«. Das suggestive Nervengift der »Tristan«-Harmonik wuchert weiter in der üppigen Alterationschromatik der Epigonen, bei Siegfried Wagner, Braunfels, von Schillings, Kistler oder von Zemlinsky bis zum frühen, wagnerhörigen Schönberg oder den mystischen Neurasthenien Skrjabins: nur noch Zwischentöne, Durch-

gänge, endlose Leitton-Spannungsbögen ohne dramaturgisches Recht, kaum mehr Auflösungen und Ruhepunkte. Ein ständiges Unterwegs zu Höhepunkten, die nicht erreicht werden, oder schlimmer: nicht mehr wahrgenommen werden; Erwartung ohne Erlösung: »Im Treibhaus« heißt schon eines von Wagners »Wesendonck-Liedern«. Die chromatische Schwüle führt sich selbst in das »Aus« einer Entropie von Struktur und Mittel. Sie führt aber auch zur Erschöpfung des hörenden und mitvollziehenden menschlichen Bewußtseins. Das hohe Reizpotential stumpft auf Dauer entweder ab oder wird zum Suchtmittel. Oder aber es wird nur noch in der Abstraktion von der seelischen Spannungsenergie zur bloßen »Strukturbewegung« wahrnehmbar oder zuletzt gar als diffuser Klangteppich einer akustischen Kulisse.

Hier scheinen Grundhaltungen moderner Musikrezeption auf: Klangekstase als Rauschmittel, Hören als Akt zerebraler Abstraktion, die Wahrnehmung von Klangereignissen als akustischer, unspezifischer Beschallungshintergrund. Weil sich der Mitvollzug von der musikalischen Struktur abzulösen beginnt, entkoppeln sich Wahrnehmung und Semantik – sonst blieben in der chromatischen Bedrängnis nur Sucht oder Wahn-Sinn. »Wahn-Fried« liegt in der Trennung von zerebraler Strukturebene und emotionalem Mitvollzug – oder in den Entlastungsreaktionen einer Musikgeschichte, die stets neue Wege findet. Zum Beispiel durch den Rückgriff auf einfachere Idiome, das Ausweichen in die exotischen, unverbrauchten Klangwelten anderer Musikkulturen oder die weitere Evolution des musikalischen Satzes.

Eine kompositorische Reaktion gegen die chromatische Überhitzung findet sich etwa im musikalischen Impressionismus, bei Debussy oder Ravel. Man übernimmt zwar die

irisierenden Klangtableaus aus der spätromantischen Farbenwelt, reduziert sie aber in Harmonik und Satzbau auf
einfachere, sogar archaische Klangverbindungen. Man gibt
strukturellen »Fortschritt« preis, indem man in großen
Klangflächen kreist und mit den sensuellen Werten einer
pointillistischen Farben-Chemie im Mikrobereich spielt.
Dafür entkommt man der unerträglichen Treibhausschwü-
le chromatischer Spannungen.

Auch die Erweiterung der musikalischen Horizonte in
fremde ethnische Bereiche und die Erschließung der Folklore helfen dem Leittonrausch der Fin-de-siècle-Welt ab. Mit
der Entdeckung anderer Musiksprachen dringen neue harmonische Elemente und Klänge ein. Das fünfstufige Slen-
dro aus Indonesien und Teilen Afrikas oder die Pentatonik
von Siam, Laos und Birma, die Gamelan-Musik Javas und
exotische Instrumente bringen (auch als Folge kolonialer
Eroberungen) neue Anregungen. Unter diesem Aspekt wird
Puccinis »Madame Butterfly« ein musikalisches Pendant
zum Japonismus des Jugendstils. Schließlich erschließt man
sich mit der Volksmusik und älteren musikalischen Schichten eines der letzten Naturreservate. Beispiele dafür sind
die frühe »keltische Renaissance« in England, die Sammlung osteuropäischer Volks- und Bauernmusik durch Bartók und Kodály, die Liedersammlungen des »Zupfgeigenhansl« oder von Kurt Huber und Paul Kiem. Ihre Wirkung
zeigt sich bei Bartók, Strawinsky und Orff und reicht bis in
die eigentümlich gebrochene Volkston-Melodik Gustav
Mahlers. Auch die »Programmusik«, die sich in Franz
Liszts musikalischen Ideen-Inszenierungen, den »malenden
Sinfonien« von Louis Spohr oder in Berlioz' berühmter
»Symphonie fantastique« äußert, ist ein kleiner Fluchtweg.
Man vertraut mehr auf die deskriptiven und assoziativen
Fähigkeiten der Musik oder, wie etwa Robert Schumann,

auf die Beschwörung poetisch inspirierter Stimmungen als auf die konstruktive Kraft des Satzes. Das »Programm« stabilisiert zwar als äußeres Korsett eine Musik, die in wuchernder Chromatik und unaufhörlichen Modulationen zerfällt, löst aber das Dilemma nicht durch neue Satzkonzepte.

Die Rettung kommt von einer anderen Seite, durch die weitere Entwicklung der Satzlogik. Richard Strauss, selbst aktiver Mittäter im Inflationsprozeß der Harmonik und genialer Regisseur der orchestralen Farbenspiele und instrumentalen Massen, sucht ihn, wenigstens vorübergehend, in seinen Opern »Elektra« und »Salome«. Andere, grundsätzlichere Entwürfe zu einer neuen musikalischen Grammatik wagen Schönbergs Zwölftonmusik oder Paul Hindemiths Tonsatzlehre.

Der historisch konsequenteste und intellektuell überzeugendste Weg wird von Arnold Schönberg beschritten. In der spätromantischen Praxis hatte sich bereits die Aufhebung des festen Tonstufennetzes vollzogen. Mit ihr lockerten sich die »Schwerkraftbeziehungen« zwischen den »Orten« des Tonraums, die als Funktionen, wie etwa Tonika oder Dominante, in der Funktionsharmonik ihre Wirkung entfaltet hatten. Nun mußte die theoretische Ermächtigung durch die Gleichberechtigung folgen. Das bekannte Ergebnis ist Schönbergs System der »Komposition mit zwölf gleichberechtigten Tönen«, die Dodekaphonie. Die Lösung lag, wie die Ansätze von Joseph Matthias Hauer um 1918 zeigen, in der Luft. Aber erst Schönberg systematisierte sie als neue Logik des musikalischen Satzes und legitimierte sie als Sprache seines Komponierens.

Das neue System rechnete freilich vor allem mit dem Kalkül einer neuen Logik der Töne und Klangverbindungen und weniger mit der Ausdrucksbedeutung und Wirkung auf den Menschen. Sie bleiben, als zwangsläufiges Ergebnis der neuen Grammatik, weitgehend sich selbst überlassen. Die neue Ordnung verläßt sich hinsichtlich ihrer musikalischen Wirkung auf die gleiche Macht einer »autonomen« Logik wie die alte – obwohl jene diese gerade suspendiert hatte. Sie eröffnet neue, unerhörte Klangerfahrungen – aber sie leistet auch viele der alten nicht mehr: Wo es keinen a-Moll-Dreiklang mehr gibt, keine Kadenzspannung, keine Modulation, muß für diese semantischen Werte auf Händel, Beethoven oder Schumann zurückgegriffen werden oder aber auf die Beatles, Bob Dylan und Kraftwerk – es sei denn, man erfände einen neuen Menschen. Das wäre die Spekulation auf eine Bewußtseinsveränderung. Und auf die Annahme, die neue Semantik würde das gleiche oder mehr leisten als die alte. Erfüllt sie sich nicht, dann setzt sich ein Prozeß fort, der im chromatischen Treibhausklima mit der Entkopplung von musikalischer Struktur und emotionalem Mitvollzug begann. Der autonome Satz wird gerettet, indem man seine Logik unter anderen Voraussetzungen neu organisiert. Aber er verselbständigt sich auch weiter gegenüber einer Ausdruckssemantik, die weit dahinter zurückbleibt, weil sie womöglich auf die unmodernere, nicht *satz*logische, sondern *psycho*logische Disposition des Hörers angewiesen bleibt.

Für das Komponieren bedeutete die weitere Entkopplung zunächst eine große Befreiung. Sie ermöglichte die neue Lust im anderen Umgang mit dem Tonmaterial, ohne daß dies durch »alte« Ausdruckswerte gedeckt sein mußte. Die Trennung von Konstruktion und Ausdruck ebnete den Weg zur grenzenlosen Materialerkundung. Die Schatten der Musikgeschichte, zuletzt als zwanghafte Obsessionen bedrückend erlitten, blieben zurück und wurden zu Relikten einer überwundenen Welt.

Der Aufstieg des Historismus

Bevor wir die weiteren Stationen auf dem neuen, evolutionären Weg der Musikgeschichte verfolgen, noch ein Blick auf die Veränderungen des alten Musiklebens.

Dort hatte sich, parallel zur musikalischen Entwicklung von Haydn bis Wagner, langsam eine andere, mächtige Bewegung ausgebreitet: der Historismus. Als Faszination des Heute am Gestern wird er nicht nur der Musik, sondern einem ganzen abendländischen Jahrhundert zum Schicksal.

Die Vergangenheitsverklärung der Romantik, von der mythischen Burgen- und Rheingötterbeschwörung bis zu Hegels Geschichtsphilosophie, gehört zum Nährboden dieser Seelenlage. Sie führt von der manischen Geschichtstrunkenheit bis zum Erwachen des nationalen Kulturbewußtseins, von der Restaurierung alter Bildwerke bis zur Historie als Zentrum der Kulturwissenschaften in der Philosophie des Neukantianismus. Es ist ein Prozeß der Entdeckung und Anverwandlung historischer Vergangenheit als neuer Gegenwart. Er schafft eine neue, aus der Vergangenheit erborgte Identität, die aus der kulturellen Sphäre schließlich auch in die politische führt. Die deutsche Reichsgründung und die Bildung der Nationalstaaten, aber auch die vaterländischen Chor- und Singvereine, die Liedertafeln, die Walhalla, das Völkerschlacht- und Niederwalddenkmal und die Vollendung des Kölner Domes als »Tempel deutscher Einigkeit« sind die realen Ergebnisse.

In der Musik führte der Prozeß zu jener neuen, modalen Zeiterfahrung, die mit dem Auftritt des »sprechenden Ich« seit der Wiener Klassik eine Veränderung des musikalischen Formulierens zur Folge hatte. Jetzt bestimmt er mit seiner Beschwörung von immer mehr leibhaftiger »Geschichte« zunehmend das ganze Musikleben.

Es beginnt mit der Wiederentdeckung entlegener Provinzen der vergessenen musikalischen Vergangenheit. Gabrieli, Palestrina und die Vokalpolyphonie des 16. Jahrhunderts faszinieren die Zirkel einiger gelehrter Liebhaber und Kenner. Carl von Winterfeld in Berlin oder Justus Thibaut in Heidelberg sind die ersten Künder dieser fernen Welten. Der große Durchbruch gelingt mit dem Vokalwerk von Johann Sebastian Bach. Mendelssohns Wiederaufführung der »Matthäus-Passion« 1829 in Berlin gerät zum Fanal. Ihr folgt eine ganze Welle von Aufführungen: im gleichen Jahr noch in Frankfurt, 1830 in Breslau, 1832 in Königsberg, 1833 in Dresden und 1834 bereits in London. Die Bach-Renaissance erweist sich als Speerspitze des musikalischen Historismus. Tatsächlich war Bach zwar nie ganz vergessen; es gab eine gewissermaßen subkutane Bach-Tradition: die handschriftlichen Überlieferungen der Klavier- und Orgelwerke bei Schülern und Kennern, die verstreuten Autographe bei Sammlern oder einige Fugen in Lehrwerken. Aber es bedurfte eben der Wandlung des Zeitgeistes, um daraus jene »öffentliche« Wirkungsmacht entstehen zu lassen, die nicht nur gelehrte Muse war, sondern Kern einer neuen musikalischen Identität.

Danach ging es Schlag auf Schlag. Die Intensität des Prozesses läßt sich am Erscheinen der Gesamtausgaben ablesen, den ersten Drucken eines verbindlichen Notentextes, die die vielen verstreuten handschriftlichen Quellen vereinheitlichten. Auch hier steht Bach an erster Stelle: 1850 beginnt die Edition der ersten Bach-Gesamtausgabe, 1858 die von Händel, 1862 folgen Palestrina und Beethoven, 1877 W. A. Mozart, 1878 Purcell, 1885 Schütz, 1894 Orlando di Lasso und 1896 schließlich Rameau. Nach diesen großartigen philologischen Leistungen der frühen Musikwissenschaft beginnt die Wiederentdeckung der alten Instrumente. Eigene »Gesellschaften« und Ensembles werden gegründet, die bald in ganz Europa konzertieren. Tolstoi feiert ein Moskauer Konzert der 1901 in Paris formierten »Société des Instruments Anciens« begeistert als »eines der größten musikalischen Erlebnisse, die ich je gehabt habe«. Das Cembalo, von Arnold Dolmetsch in England und Wanda Landowska in Frankreich und Deutschland wieder in den Konzertsaal eingeführt, erweist sich als Schlüsselinstrument des Genres. Aber schon bald folgen auch die historischen Streichinstrumente, Viola da gamba und Viola d'amore. Die Orgelbewegung, verbunden mit den Namen der Elsässer Émile Rupp und Albert Schweitzer und den Orgeltagungen mit Hans Henny Jahnn, Willibald Gurlitt und Christhard Mahrenholz, entdeckt Klang und Bauprinzipien der historischen Orgeln wieder. Restaurierte Instrumente wie die Arp-Schnitger-Orgel von St. Jacobi in Hamburg und historisierende Neubauten wie die Praetorius-Orgel in Freiburg oder die Marienorgel in Göttingen wecken das Interesse des Publikums und beeinflussen ihrerseits die Aufführungspraxis Alter Musik, wie etwa bei Karl Straube und Günther Ramin aus der neuen Leipziger Bach-Tradition. Blockflöte und Laute werden wiederentdeckt und in der Bündischen Jugendbewegung popularisiert. 1922 richtet die Akademie der Tonkunst in München das Lehrfach »Alte Musikinstrumente« ein, 1926 die Kölner Musikhochschule eine Gambenklasse.

Während sich die alte Musik bis zurück zu Schütz und Monteverdi rasch ihr Publikum erobert, vollzieht sich im Hintergrund ein weiterer Schritt zurück in die Geschichte. In den Zirkeln musikwissenschaftlicher Seminare fängt man an, Musik des Mittelalters aufzuführen. Sie war bis dahin höchstens eine Domäne der Philologen und hatte dort nur zu Editionen geführt, nie zur Praxis. Die »Collegium musicum«-Bewegung von Hugo Riemann (Leipzig 1908) und Willibald Gurlitt (Freiburg 1919) wagt sich aber schon bald aus dem esoterischen Dunstkreis der Seminare in den Konzertsaal. Gurlitt führt diese Musik 1922 in der Badischen Kunsthalle und 1924 in der Hamburger Musikhalle erstmals öffentlich auf. Sogar die frühe Mehrstimmigkeit findet schnell den Weg zum Publikum. Rudolf von Ficker führt 1927 Musik der Notre-Dame-Schule bei der Beethoven-Feier in Wien auf. 1929 erklingt in der dortigen Burgkapelle das Organum »Sederunt principes« von Perotinus. Bereits ein Jahr später erscheint das Werk aus dem 13. Jahrhundert als Klavierauszug bei der Universal Edition.

Wie rasch die Historisierung des Konzertlebens fortschreitet, beweist die Beliebtheit der sogenannten »Historischen Konzerte«. Sie breiten sich wie eine Mode über Europa aus, zuerst in England und Frankreich, dann im Wien des Vormärz und schließlich auch in Deutschland.

1824 veranstaltet in Stuttgart Peter von Lindpainter mit der Hofkapelle ein »Historisches Konzert«, in dem »in drey Abtheilungen je vier Stücke« aufgeführt wurden, »die jedesmal einer Epoche angehörten«. In der ersten gab es Werke von Marenzio, Lully, Händel und Jommelli, in der zweiten von Haydn, W. A. Mozart und Peter von Winter, in der dritten von Spohr, Rossini, C. M. von Weber und Spontini. 1836 veranstaltet auch der Berliner Musikdirektor Karl Kloss ein solches Konzert. Dort erklangen im ersten Teil Werke von Händel, Haydn und Mozart. Für den zweiten wurde »archäologische Musik« angekündigt, nämlich »Eine Vorlesung über die Musik der ältesten Völker der vorchristlichen Zeit, insbesondere über die Musik der alten Aegypter ...« Der dritte Teil gehörte Kompositionen aus »den Schulen der neuesten Zeit«.

In Wien leitete Carl Otto Nicolai am 2. April 1838 ein »Concert spirituel«, dessen erster Teil aus eigenen Kompositionen bestand, »welche nach den Stadien der verschiedenen Style der letzten drei Jahrhunderte gearbeitet sind«.

Bekannt und berühmt sind die historischen Konzerte geworden, die Felix Mendelssohn Bartholdy 1838 und 1840/41 im Leipziger Gewandhaus veranstaltete. Den ersten Zyklus ordnete er »nach der Reihenfolge der berühmtesten Meister, von vor 100 Jahren bis auf die jetzige Zeit«, im zweiten Zyklus führte er Bach, Händel, Haydn, Mozart und Beethoven auf.

In Karlsruhe ordnete Joseph Strauss 1845 die Werke für das Palmsonntag-Konzert der Hofkapelle nach Zeitperioden: von 1779 bis 1799, 1800 bis 1828 und von 1830 bis 1840.

In Frankreich hatte der Musikforscher und Komponist François-Joseph Fétis 1832 eine bemerkenswerte Reihe historischer Konzerte am Pariser Conservatoire initiiert. In fünf großen Konzerten stellte er bis 1835 nach einem genau durchdachten Plan verschiedene historische Stile und Gattungen vor, alle begleitet mit ausführlichen Erläuterungen in Vorträgen und Programmheften.

Die Idee des historischen Konzerts kam dem Zeitgeschmack so entgegen, daß sie sich nach 1850 auch auf die Klavier- und sogar auf Orgelkonzerte ausweitete.

Der polnische Pianist Mortier de Fontaine, der nach 1860 einige Jahre in München lebte, gab solche Konzerte als einer der ersten. Das Programm reichte von William Byrd (1543-1623) über Bach und Händel bis zu Beethoven. Der deutsche Pianist Johann Heinrich Bonawitz veranstaltete in den Jahren 1877 bis 1887 mehrere Zyklen historischer Konzerte in London. Darin führte er Werke von Konrad

Paumann, dem Verfasser einer wichtigen Orgellehre aus dem 15. Jahrhundert, sowie von Arnolt Schlick, Paul Hofhaimer und Palestrina vor. Er spielte Klavier, Orgel, Clavichord und Cembalo, führte also die komplette Bandbreite der historischen Tasteninstrumente vor. In München veranstaltete der Pianist Edouard Risler im Winter 1900/01 »Fünf Klavierabende in historischer Form«.

Die Faszination an diesem Konzerttypus reicht bis weit in unser Jahrhundert. 1905 kündigte das Kaim-Orchester, das Vorgängerensemble der Münchner Philharmoniker, einen Zyklus von »Retrospektiven Konzerten in stilgetreuer Besetzung und Aufführung« an, in dem Werke von Evaristo Felice Dall'Abaco, ein Flötenkonzert Friedrich des Großen, Sinfonien und Konzerte von Carl Philipp Emanuel Bach, Händel, Haydn, Mozart und Johann Stamitz erklangen. Noch 1928/29 spielte der berühmte Berliner Organist Fritz Heitmann in der Kaiser-Wilhelm-Gedächtniskirche einen sechsteiligen Zyklus mit dem Programmtitel: »Hauptepochen der Orgelmusik«. Das Kaim-Orchester offerierte den Münchnern in der Saison 1929/30 einen siebenteiligen Konzertzyklus unter dem Titel: »Die Symphonie von ihren frühesten Anfängen bis zur Gegenwart«.

Die Ausbreitung der Musik von gestern glich einem Flächenbrand. Trotzdem kamen »alt« und »neu« gut miteinander aus. Es ist geradezu charakteristisch für das Musikleben dieser Zeit, wie harmonisch die Neuentdeckungen von Historie und Avantgarde koexistieren. Das gilt für die Konzertprogramme ebenso wie für das zeitgenössische Komponieren.

Das 1926 von Paul Sacher gegründete Basler Kammerorchester widmete sich von Anfang an gleichermaßen der neuen und alten Musik. Die seit 1933 mit dem Orchester verbundene *Schola Cantorum Basiliensis* entwickelte sich als historisches Spezialensemble zu einer Institution von Weltrang. Auch Nadia Boulanger (1887-1979) in Paris, eine der berühmtesten Lehrmeisterinnen des Jahrhunderts, vereinte in ihren historischen Konzerten Gregorianischen Choral, Monteverdi-Madrigale, Schütz-Konzerte und Bach-Kantaten ganz zwanglos mit Igor Strawinsky, Francis Poulenc, Jean Françaix und der jungen Avantgarde ihrer amerikanischen Kompositionsschüler, die von Aaron Copland, Virgil Thomson, Roger Sessions bis zu Lennox Berkley und Walter Piston reichten. In München veranstaltete die »Vereinigung für zeitgenössische Musik« unter ihrem ersten Vorsitzenden, Fritz Büchtger, 1929 und 1930 zwei »Festwochen der Neuen Musik«. Auch hier mischten sich, trotz des progressiven Mottos, die Genres ohne Probleme. In der ersten Woche standen Cembalowerke von William Byrd, Hans Leo Haßler und Samuel Scheidt sowie eine Bearbeitung von J.S. Bachs »Musikalischem Opfer« und Claudio Monteverdis »Orfeo« in der Bearbeitung von Carl Orff auf dem »historischen« Teil des Programmzettels. Im modernen Teil gab es Werke von Paul Hindemith, Hermann Reutter, Ernst Toch, Otto E. Crusius, Fritz Büchtger, Werner Egk, Béla Bartók, Paul Graener, Karl Marx und Gerhart von Westerman. In der »II. Neuen Musik Woche« vom 6. bis 13. März 1930 greift man sogar zu »Gotischer Musik«, wie es im Programm heißt. Gemeint ist die frühe Mehrstimmigkeit des 12. und 13. Jahrhunderts mit *Organa* von Leoninus und Perotinus, eingerichtet von Rudolf von Ficker. Die Moderne ist mit Werken von Leoš Janáček, Igor Strawinsky, Alexander Tscherepnin, Paul Hindemith, Ernst Krenek, Kurt Weill, Karl Marx, Max Butting und Carl Orff vertreten.

Worauf dieses bemerkenswerte Amalgam von alt und neu aber beruht, enthüllen unbeabsichtigt die Reaktionen.

Denn sowohl Moderne wie Archaik finden keine ungeteilte Zustimmung. Meistens bemängelt man die Qualität der modernen Musik, während die ältere, wenigstens bis Monteverdi, so großen Beifall findet, daß für den »Orfeo« und das »Musikalische Opfer« Wiederholungen angesetzt werden. Aber auch die »Gotische Musik« wird nicht unkritisch hingenommen. Die »Allgemeine Musikzeitung« bemerkt dazu: »Laien hat diese Kunst wenig zu sagen. Man lasse sich nicht täuschen durch das Augenverdrehen snobistischer Mitläufer ...«

Offenbar hatte man mit dieser Musik im Musikleben eine neue Stufe der Geschichte erreicht, die sich nicht mehr ohne weiteres erschloß. Auf der Suche nach der verlorenen Vergangenheit war man jener Fremdheit begegnet, welche die ästhetische Gemeinschaft mit der Moderne stiftete. Tatsächlich ist eine gewisse strukturelle Nähe von Archaik und Avantgarde, wenigstens bei Strawinsky, Hindemith und Orff, nicht zu leugnen. Als Regression der Moderne in frühere Stadien musikgeschichtlicher Entwicklung bis hin zu einer Affinität zum Primitiven ist sie ein wichtiger Aspekt der Diskussion geblieben und hat besonders geschichtszyklischen Denkweisen à la Spengler immer wieder Nahrung geliefert.

Die Verwandlung des Komponierens durch die Geschichte

Aber die Macht der Historie hat noch andere Auswirkungen. Das zweite Leben der alten Musik, das oft genug – wie im Falle von Bach – erst das eigentliche ist, gebiert auch neues Leben. »Der geheime Kampf zwischen Historizismus und Spontaneität ist der tiefste Kern der Musikgeschichte des 19. Jahrhunderts«, charakterisiert der Musikhistoriker Erich Doflein die Situation. Diese Wiedergeburt verändert nicht nur das Konzert*leben*, sondern auch das zeitgenössische Komponieren, die Musik*geschichte* selbst. Durch die direkte oder indirekte Anverwandlung älterer Formen und Satztechniken als Anregung, Nachahmung, Parodie oder Verschnitt erlangen historische Elemente eine neue Existenz. Das ist, gegenüber der Umgestaltung der Satzlogik in der Wiener Klassik, eine neue Stufe. Das Komponieren wird durch die Geschichte geprägt, als phantasielose Nachahmung, unbewußte »Konditionierung«, leidenschaftliche Auseinandersetzung oder erbitterte Gegenreaktion.

Schon ein führender Komponist der Romantik, Louis Spohr (1784-1859), Hofkapellmeister in Kassel und Begründer der modernen deutschen Violinschule, verschränkt »Historisches Konzert« und historistisch angepaßtes Komponieren in seiner 6. Sinfonie op.116 von 1839 auf eine Weise, die heute als glatte Parodie anmutet. Unter dem Titel: »Historische Sinfonie im Styl und Geschmack vier verschiedener Zeitabschnitte« erscheinen folgende Satzüberschriften nach dem Schema einer klassischen Sinfonie:

> Erster Satz: Bach-Händelsche Periode, 1720;
> Larghetto: Haydn-Mozartsche, 1780;
> Scherzo: Beethovensche, 1810;
> Finale: Allerneueste Periode, 1840.

Der Fall Spohr ist vielleicht plakativ, aber die vielen geistesverwandten Beispiele bei Mendelssohn, Schumann, Brahms oder Liszt sind es nicht. Tatsächlich ist die allgegenwärtige Assimilation der Historie Symptom für eine völlig neue Situation des Komponisten. Das Komponieren als naives, spontanes Tun ist zu Ende. Der komponierende *homo lu-*

dens muß sich nicht mehr vor den inneren Welten seines Ausdrucksverlangens rechtfertigen, sondern vor den äußeren der Musikgeschichte.

Gewiß, schon Schubert spürte den Schatten Beethovens auf seinem sinfonischen Bemühen, genau wie Brahms, der in einem Brief an Levi klagte: »Du hast keinen Begriff davon, wie es unsereinem zumute ist, wenn er immer so einen Riesen hinter sich marschieren hört.« Aber das waren nur die großen Zeitgenossen. Jetzt erscheinen mit Bach, Händel, Schütz, Purcell, Monteverdi, Gabrieli, Lasso und Palestrina noch ganz andere Riesen. Mit der Wiederaufführung von Bachs »Matthäus-Passion« in Berlin 1829 beginnt ein neuer Faden im Gewebe der Musikgeschichte, der nicht zur *Kompositions*geschichte gehört, sondern zur *Wirkungs*geschichte früherer Musik.

Der Umschwung liegt zwischen Wagner und Brahms, ziemlich genau bei Schumann und Mendelssohn. Wagner, der ein schlechter Klavierspieler war, pries zwar Bachs »Wohltemperiertes Klavier« lebenslänglich und setzte auch der Fuge in seinen »Meistersingern« als Metapher musikalischer Scholastik ein ironisches Denkmal. Aber am Ende seines Lebens fällte er über den musikalischen Historismus doch das kategorische Urteil von der »Ungeeignetheit aller Wiedervorführungsversuche«. Das ist verständlich, denn er gehörte noch zur Avantgarde, und seine Gegenwart lag in Bayreuth.

Brahms hingegen war sich fünfzig Jahre später der historischen Situation völlig bewußt. Er bezieht regelmäßig die neuesten Editionen älterer Musik in den Denkmäler- und Gesamtausgaben. Er ist sogar Mitglied einiger Herausgebergremien und ediert selbst Musik der Bach-Söhne Wilhelm Friedemann und Carl Philipp Emanuel sowie von Couperin und Händel. Auch als Dirigent widmet er der Wiederbelebung alter Musik einen großen Teil seiner Tätigkeit. Er führt

Palestrina, Eccard, Lasso, Rovetta, Händel und viele Vokalwerke Bachs auf, darunter 1874 die »Matthäus-Passion«, für deren Einrichtung er sich drei Monate Zeit nimmt.
Er spielt zeitlebens viel Klaviermusik von Bach in seinen
Konzerten, und zahlreiche Studienblätter bestätigen seine
intensive Auseinandersetzung mit kontrapunktischen Satztechniken.

Furtwängler bringt die künstlerische Identitätskrise dieser
Zeit auf den Punkt, wenn er bemerkt: »Brahms ist der erste
große Musiker, bei dem sich geschichtliche Bedeutung und
Bedeutung als künstlerische Persönlichkeit nicht mehr dek-
ken. Daß dem so war, war nicht seine, sondern Schuld seiner
Epoche ... Bei Beethoven, bei Wagner – auch bei späteren,
wie Strauss, Reger, Debussy, Strawinsky – deckt sich persön-
liches Wollen und Wollen der Zeit. Bei Brahms, und nun zum
erstenmal bei ihm, geht dieses Wollen verschiedene Wege ...«
Dazwischen stehen Felix Mendelssohn Bartholdy und Robert Schumann. Sie leben bereits im Zwiespalt historischer
Bewußtheit, empfinden das aber noch weniger als Dilemma, sondern mehr als Anregung. Mendelssohn war als
Wunderkind am Klavier schon früh mit den verschieden-
sten Stilen vertraut geworden. Als Komponist seines Vio-
linkonzerts, der »italienischen« Sinfonie, der Schauspiel-
musik zum »Sommernachtstraum« und der »Lieder ohne
Worte« ist er zwar der »moderne« Meister im Gefolge der
Wiener Klassik, aber er schreibt auch Kirchenkantaten,
Motetten und Psalmen im »alten« a-cappella-Stil und bearbeitet Chorwerke von Händel. Der Choral »Ein feste Burg
ist unser Gott« in seiner »Reformationssinfonie« oder die
drei Psalmen für Chor a cappella (bestimmt für ein neues
Chorensemble nach Vorbild der Sixtinischen Kapelle in einem vom preußischen Kronprinzen, dem späteren König
Friedrich Wilhelm IV., am Spreeufer geplanten Dom-Neu-

bau) enthüllen den romantischen Historisten. Sein Oratorium »Paulus« zeigt schließlich in vielen Details die Inspiration durch Bachs »Matthäus-Passion«. Die begeisterte Aufnahme dieses Erfolgsstücks offenbart die Seelenlage der Zeit, wo Bach-Verklärung, Singakademie und musikalisches Nazarenertum zusammenfinden.

Auch Robert Schumann findet in den »Charakterstücken« seiner Klaviermusik einen neuen, eigenen Ausdrucksbereich. Aber auch er ist unmittelbar Betroffener der Historisierung des Konzertlebens. Er hat im Winter 1837/38 bei den historischen Konzerten des Leipziger Gewandhauses neben Bach, Händel, Haydn, Mozart, Beethoven auch Musik von Gluck, Cimarosa, Righini, Salieri, Méhul, A. Romberg, Weber und Abbé Vogler gehört. In einer kritischen Abwägung zu den zeitgenössischen Werken von Täglichsbeck, Burgmüller und Gährich schreibt er: »Wo uns endlich wahrhaft Neues, Unerhörtes geboten wurde, *lauter Altes* nämlich, war in einigen der letzten Concerte, in denen uns Meister von Bach bis auf Weber vorgeführt wurden.« Hellsichtig resümiert er schließlich: »Die Einfältigen lernten dabei; die Klugen lächelten: – kurz, der Rückschritt wäre vielleicht ein Vorschritt.«

Wo soviel intelligentes Urteil über die musikalischen Qualitäten der Zeit ist, muß man nach den Vorbildern seines eigenen Komponierens nicht lange suchen. Die Wirkung Bachs zeigt sich in der ausdrücklich als »Bach-Studie« konzipierten Gigue op. 32,2 von 1838, den vier Fugen für Pianoforte op. 72 und den sechs Fugen über den Namen Bach op. 60, beide aus dem Jahr 1845, sowie in den sieben Stükken in Fughettenform op. 126 von 1853.

Schumanns Bach-Aneignung demonstriert aber auch die für die Zeit so typischen Überblendungen zwischen schöpferischer Bearbeitung und kongenialem Komponieren.

1840 hatte er in einem Leipziger »Historischen Konzert« Bachs Chaconne aus der Partita für Violine solo d-Moll (BWV 1004) gehört. Sein Augenmerk gilt aber weniger dem Violinsolisten, Ferdinand David, Konzertmeister am Gewandhaus, sondern Mendelssohns »wundervollem Akkompagnement am Flügel«. Mendelssohn ediert seine Klavierbegleitung 1847 in London und eröffnet damit die lange Reihe von Chaconne-Bearbeitungen, die über Brahms und Busoni bis Leopold Stokowski reicht. Aber auch Schumann erliegt dem Faszinosum. Er komponiert sogar eine Begleitung zu allen sechs Bachschen Sonaten und Partiten für Violine solo, die 1854 im Druck erscheint. Gleichzeitig aber läßt er sich davon für die langsame Einleitung seiner »Zweiten großen Sonate für Violine und Pianoforte« in d-Moll, op. 121, inspirieren. Deren Akkordfolgen sind nichts anderes als ein getreues Abbild der begleiteten Chaconne-Bearbeitungen. Die Sonate erscheint 1851 im Druck – immerhin »Ferdinand David zugeeignet«.

So erwächst Schumanns vielschichtige kompositorische Identität aus mindestens drei Stilbereichen: dem eigenständigen seiner »poetisch« inspirierten Charakterstücke, dem sinfonischen der Wiener Klassik und schließlich dem seiner barocken, an Bach orientierten Kontrapunktik – eine ambivalente, aber sehr zeitgemäße Identität aus der Phase des schöpferischen Historismus.

Der Historismus als moralische Instanz

Die Musikgeschichte verwandelt nicht nur Konzertleben und kompositorisches Bewußtsein, sie entfaltet auch moralische Wirkungen. Als Beispielsammlung des Gestern wird sie zur ästhetischen Zensurinstanz der musikalischen Gegenwart. Bei Schumanns vergleichenden Werturteilen über die Konzerte der Wintersaison 1837/38 klang es bereits an. Heftiger geht es zu bei der großen musikalischen Auseinandersetzung der Zeit, der erbitterten Fehde zwischen den »Neudeutschen« um Wagner, Liszt und Berlioz und den Konservativen um Brahms und Schumann. Sie entzündet sich nicht nur, wie so oft vorher in der Musikgeschichte, an der Veränderung der musikalischen Ästhetik, sondern die Parteien fechten jetzt mit dem ganzen Gewicht der neuen historischen Erfahrung.

Schumann wollte als Gegenentwurf zum leeren Formalismus und zügellosen Virtuosentum der Zeitgenossen seine Musiksprache wieder verinnerlichen. Brahms hingegen bemühte sich, gegen den Subjektivismus Schumanns und die uferlose chromatische Emotionalisierung Wagners, um eine »Objektivierung« durch autonome Satztechniken aus Kontrapunkt und Fuge. Das Unbehagen an der spätromantischen Musiksprache, das sich ästhetisch als Abwehr des »Tristan«-Nervenfiebers äußert, kognitiv als Entkopplung von Struktur und Mitvollzug und kompositorisch als Leiden an der Inflation der Mittel, tröstet sich mit Lust an der neu entdeckten Historie.

Ein besonders problematisches Zeugnis dafür ist der Cäcilianismus. Die kirchenmusikalische Reformbewegung wollte als süddeutsch-katholisches Gegenstück zur protestantischen Bach-Renaissance die alte Vokalpolyphonie des 16. Jahrhunderts restaurieren. Sie entsprang der Wiederentdeckung von Gabrieli, Eccard und vor allem der Musik von Giovanni Pierluigi da Palestrina (um 1525-1594). Das ätherische Strömen dieser alten, rein vokalen Mehrstimmigkeit erschien in seiner Verbindung von lateinischer Wortmagie, geistlichem Affekt und klarer Linienführung als Ideal von Kirchenmusik überhaupt. Dieses Urteil entstand aber als Kritik an der zeitgenössischen Kirchenmusik. Die lieblichen Messen biederer Klassik-Epigonen und das Übergewicht der Instrumentalmusik wurden als Niedergang empfunden.

Tatsächlich war mit der Abdankung der alten musikalischen Patronatsmächte von Adel und Kirche zugunsten des bürgerlichen Konzertsaals und der Singakademien ein gravierender Wandel eingetreten. Die wesentliche Musik der Zeit erklang jetzt dort, nicht in der Kirche. Damit wird die in der funktionalen Bindung der Kirche verbliebene Musik zu einer absinkenden historischen Schicht.

Das betrifft die katholische wie die protestantische Kirchenmusik nach Bach. Carl Heinrich Grauns »Tod Jesu«, jährliches Karfreitagsritual in Berlin bis 1884, oder die Vertonungen der geistlichen Dichtungen von K. W. Ramler und Chr. F. Gellert meinten zwar die alte Andacht, bedienten aber nur noch die Erweckung frommer Gefühle zwischen bürgerlicher Vernunftreligion und pietistischer Empfindsamkeit. Dazu griff man musikalisch zu einer matten Mixtur aus dem Nachlaß vergangener Vokalkunst und den neuen Mitteln der Zeit. Erstere aber wird, verglichen mit Bach und Händel, zum kraftlosen Epigonentum, die neuen Mittel dagegen leben aus einem »diesseitigen« Welt- und Menschenbild. Mit ihrer dialektischen Satzarbeit und den thematisch-motivischen Prozessen stehen sie im Gegensatz zur Ruhe des Kontrapunkts und seiner Bindung an eine überindividuelle, »proportionale« Ordnung. Was aber in der neuen Sinfonik als Zentrum strahlt, wird in der Kirche leicht zur verdächtigen Feier der »Welt«.

Nicht viel anders ergeht es der Orgelmusik. Sie war, über viele Jahrhunderte bis hin zu Bach, ein zentraler Bereich des Musiklebens. Nach Bach geriet sie ebenso ins Abseits wie Kantate, Oratorium und Messkomposition. Obwohl die großen Toccaten, Präludien, Phantasien und Fugen Bachs schon einen Grad an konzertanter Autonomie zeigen, der sie nur noch durch die Orgel auf den kirchlichen Raum fixiert und nicht durch die liturgische Rolle, bleiben sie nach Geist und Idiom der »objektiveren« Welt der alten Kirchenmusik verpflichtet. Im Historismus verändern »Säuselregister« und die billige »Fabrikorgel« Klang und Wesen der Musik. Ein unglaublicher Apparat an technischen Spielhilfen mit allen Arten von Registerfinessen strebt nach der Massierung orchestraler Klangbilder.

Die Orgelbewegung vom Jahrhundertbeginn ist, wie der Cäcilianismus, eine Protestbewegung gegen diese Entwicklung, die ihre Kritik mit der Historie begründet. Erst viel später wächst dem Instrument eine neue Bedeutung zu. Mit der Übernahme der Formen- und Klangfarbenwelt der spätromantischen Sinfonik findet sie wieder Anschluß an die wichtigen Gattungen der Zeit. Die großen sinfonischen Orgelwerke von Widor, Vierne, Guilmant, Franck oder Dupré sind ein Reflex der ästhetisch gültigen Musikformen der Zeit: Sinfonie und Sonate. Eine autonome, »konzertante« Orgel assimiliert sie auf ihre Weise – jenseits liturgischer Bindung und Kirchenmusik. Nur Max Reger beschwört Kontrapunkt, Fuge und Choral in großem Format neu. Aber er verbindet sie gleichzeitig mit der spätromantischen, unaufhörlich modulierenden Harmonik der Zeit zu einem unruhigen Amalgam aus Bach-Ethos und Wagner-Pathos. Damit säkularisiert er die Orgel ebenso wie die Franzosen in ihrer Orgelsinfonik.

Der Historismus ist aber auch der Geburtshelfer einer ästhetischen Autonomie der alten »geistlichen« Musik. Ihre Wiedergeburt vollzieht sich nach dem Zerfall der alten, funktionalen Bindungen in der Welt des bürgerlichen Konzertsaals. Bachs Passionen und Kantaten, komponiert für den Leipziger Gottesdienst, treten ihre eigentliche Karriere als »Musik« erst in den Sälen des 19. Jahrhunderts an. Seine h-Moll-Messe, die nie eine Aufführung erlebt hatte, wird als Vermächtnis an die Nachwelt erst durch den Historismus eingelöst. Durch ihn erklingt sie 1834/35 in Berlin und 1859 in Leipzig erstmals vollständig als geschlossenes Werk und wird, wie die »Matthäus-Passion«, als Gipfelwerk der abendländischen Musik zu einem Kernstück unseres Konzert- und CD-Repertoires.

Für genau das gleiche Forum, in dem Bachs geistliche Musik ihr zweites Leben als autonomes Kunstwerk erlangt, ist auch Beethovens »Missa solemnis« und Verdis »Messa da Requiem« bestimmt. Beide Werke sind von vornherein für den Konzertsaal konzipiert und nicht für Liturgie und Kirche. Damit wird der Konzertsaal zum neuen Weiheort, wo sich der religiöse Gottesdienst als ästhetische Andacht vollzieht. »Kirchenmusik« wird zur »Musik in der Kirche«, denn mit seiner Emanzipation nimmt das Kunstwerk die Aura der spirituellen Ladung mit: Die romantische Kunstreligion ersetzt die eigentliche. Das liturgische Ritual geht auf das Werk selbst über: Nicht nur die »Missa solemnis« wird zum sinfonischen Hochamt im klingenden Weihetempel der bürgerlichen Welt, sondern die Sinfonie schlechthin. Sie wird als einmalige Schöpfung sakrosankt, ihr Komponist als göttlicher Genius. Ihr Zelebrant aber avanciert zum auratischen Kunstpriester der Moderne mit einer einzigartigen Karriere: die Galerie reicht von Ikonen wie Furtwängler, Toscanini oder Karajan bis zu den medialen Musikstars unserer Zeit.

Der gravierende Bedeutungswandel der Kirchenmusik hatte Cäcilianismus und Orgelbewegung als musikalische Gegenreformation auf den Plan gerufen. Hier wurde die Geschichte zur Berufungsinstanz. Der Historismus ermöglichte, in moralischer Anwendung, die Beschwörung einer Gegenwelt zur entwerteten Kirchenmusik. Darin wird Palestrina als Archetypus geistlicher Musik zum ästhetischen Paradigma. Am Ende dieses Prozesses steht dann die leibhaftige Revision der Gegenwart aus nachempfundener Seelenverwandtschaft zur Geschichte. Sie führt zunächst mit den Messen von Caspar Ett, Franz Xaver Witt oder Johann Kaspar Aiblinger zu Neukompositionen im Geiste Palestrinas, bald aber zu Neufassungen der gregorianischen Choralmelodien mit wissenschaftlichem Anspruch wie in der *Editio Medicaea*. Weil sie späteren Erkenntnissen nicht standhalten konnte, mußte sie bald darauf (in der *Editio Vaticana*) widerrufen werden.

Wie in vielen neuromanischen und neugotischen Bauwerken der Zeit oder wie bei den »Reinigungen« der Dome von Regensburg und Bamberg von späteren Zutaten der Geschichte (auf Geheiß Ludwig I.) steht hier das Ideal eines abstrakt rekonstruierten Stiles Pate. Aber wie leicht schlägt Rekonstruktion in Geschichtsfiktion um. Sie entspringt oft mehr dem aktuellen Zeitgeist als der geschichtlichen Realität: ein Projektionsvorgang des historischen Präsens auf die Vergangenheit, der — wenig bedacht, aber sehr wirksam — stets mitwirkt bei der Wiedererweckung »alter Musik«.

Vom enthusiastischen zum wissenschaftlichen Historismus

Die Geschichtsfiktion ist der Höhepunkt des »enthusiastischen Historismus«. Dort färbt die schöpferische Anverwandlung noch die wissenschaftliche Forschungs- und Editionsarbeit. Allerdings vergißt man heute leicht, daß diese Art der Bemächtigung auch ihre ernsthaften Prämissen hatte. Wenn Bachs und Händels Vokalwerke mit riesigen Chor- und Orchesterbesetzungen aufgeführt wurden, dann wollte man diese Musik so den Zentralgestirnen der Zeit, Wagner, Bruckner und Liszt, in der Wirkung ebenbürtig machen. Sie sollte nicht verzeichnet, sondern mit den Mitteln der Zeit zur Geltung gebracht werden. Wenn in den vielen Bearbeitungen der Generalbaß üppig ausinstrumentiert wurde, dann war das nicht nur die Konsequenz daraus, daß es keine Generalbaßpraxis mehr gab, sondern ein Berufen auf Mozarts Händel-Bearbeitungen. Wenn man sich Bachs harmonischen Kosmos der Solopartiten für Violine nicht in karger (originaler) Einstimmigkeit vorstellen konnte, sondern nur mit einer harmonischen Ergänzung durch das Klavier, dann deutete man die historische Vorlage mit schöpferischem Kunstverstand und nicht mit philologischem Tatsachenverstand. Auch dabei war man immerhin durch Geister wie Mendelssohn, Schumann, Raff, Brahms oder Busoni bestens legitimiert, die dem zeitgenössischen, vom Wagner-Klang geprägten Bewußtsein dazu verhelfen wollten, das fast utopische Potential der »einstimmigen« Harmonik Bachs klingend zu erfahren. Das war eine »Exegese« aus derselben »Zeitgeist-Gleichung«, mit der heutige Ensembles bewußt elektronische Keyboards als zeitgemäße Klangmittel alter Musik legitimieren oder unbewußt aus dem Geist der Moderne musizieren. »Mittelalterliche Musik heute so authentisch wie möglich zu zelebrieren würde bei weitem die Wirkung verfehlen, die Musik auf die Menschen von damals gehabt haben muß. Die sogenannte ›Musica Mundana‹ ist für uns heute nicht mehr sinnlich erfahrbar. Im Bewußtsein dessen erweitert das Ensemble seine Aufführungspraxis um die Einbeziehung elektronischer Instrumentation« (Vladimir Ivanoff, Ensemble Saraband).

Aber den Gang der Moderne bestimmen die »Gelehrten«, nicht die »Künstler«. Kein Wunder, daß die nachschöpferische Aneignung des enthusiastischen Historismus, die einer künstlerischen Haltung entsprang, als Projektion des Wagner-Zeitgeistes dem Verdikt des neuen wissenschaftlichen Historismus verfiel. Er gibt nach der Jahrhundertwende immer mehr den Ton an. Sein Debüt gab er bereits in den philologischen Leistungen der ersten Gesamtausgaben, jetzt wird er zu einer Strömung, die über strenge Methoden und neue Fragestellungen die Entwicklung zur modernen Quellenkritik und Rekonstruktion der originalen Klangbilder vorantreibt. Die Gründung der Neuen Bach-Gesellschaft im Jahre 1900, die sich besonders den aufführungspraktischen Problemen bei Bach widmet, markiert ungefähr die Wende. Zwar erscheint 1906 nochmals eine Neuedition der massivsten Bearbeitung von Bachs »Matthäus-Passion« durch Robert Franz, doch zur gleichen Zeit verwirft Felix Mottl in München bereits seine eigenen Bach-Bearbeitungen für großes Orchester und führt in die »Matthäus-Passion« wieder die Viola da gamba ein, Thomaskantor Karl Straube revidiert seine »romantische« Edition von Bachs Orgelwerken, und die ersten Aufführungen mit »kleinen Besetzungen« finden statt.

Die Dynamik dieser Entwicklung ist ungebrochen. Sie führt nach dem Zweiten Weltkrieg aufgrund neuer Quellenbewertung zu einer zweiten Runde von Gesamtausgaben, beginnend mit der Neuen Bach Gesamtausgabe seit 1950. Sie verbessert Bau und Klang der historischen Instrumente weiter und entwickelt mit einer immer differenzierteren Aufführungspraxis das Ideal der »originalen« oder sogar »authentischen« Wiedergabe alter Musik. Die Aufmerksamkeit gilt weniger der künstlerischen Auseinandersetzung mit der Musik, sondern strikter Quellentreue und einer wissenschaftlich abgesicherten Simulation der historischen Aufführungsbedingungen. Damit erfindet die Moderne eine neue ästhetische Utopie: die historische Fiktion. Damit ist aber auch der Historismus zu einem Exekutivbereich der Musikwissenschaft geworden. Ihre Deutungsmacht bestimmt wesentlich die Realisation von Musikgeschichte im Musikleben. Vor ihr hat sich jegliches musikalische Tun im Bereich älterer Musik zu rechtfertigen. Als »wissenschaftliche Interpretationspraxis« bestimmt sie seit den siebziger Jahren im aktuellen Musikleben unser Bild vom Mittelalter bis zu Bach.

Vielleicht ist die wissenschaftliche Kunstbemächtigung die zeitgemäße Spielart »schöpferischen« Umgangs mit der alten Musik. Das betrifft vor allem die Interpretationskultur. Für die Komponisten bleibt die Musikgeschichte weit über »Early Music« hinaus eine *künstlerische* Herausforderung. Ihr schöpferisches Potential ist beständig wirksam, sei es als Erinnerung, Trauma oder Referenz.

Im traditionellen Komponieren wird das historische Dilemma bald zur Obsession. War es von Mendelssohn bis Brahms noch mit Anstand bewältigt und von Strauss bis Skrjabin, Reger oder Mahler fruchtbar nuanciert worden, so führt es bei den kleineren Geistern zur Stagnation. Das üppige Wuchern mit assimilierter Geschichte gerät zu einer Flut von »Variationen über ein Thema von ...«. Damit akquiriert man Einfälle von Mozart bis Hiller, von Sweelinck und Frescobaldi bis Bach, Händel oder Telemann für eigene Elaborate, bekennt sich aber zu den Urhebern. »Musik über Musik« bleibt ein Rezept, das besonders bei Liszt reiche Früchte trägt.

Anonymer bleibt der vage Topos »... im alten Stil«, wo sich musikalischer Jugendstildekor mit mürben Rokoko-Girlanden verbrämt. Er trägt bis zur Welle der »Neo«-Bewegungen, die in den zwanziger Jahren als Neobarock und Neoklassik durch die Konzertsäle schwappt. Strawinsky trägt dazu bei mit dem Ballett »Pulcinella« und dem Concertino für Streichquartett (beide 1920), dem Bläser-Oktett (1923) oder dem Konzert für Klavier und Blasorchester (1924). Dazu gehören auch Hindemiths »Sinfonietta«, Ravels »Menuet antique«, Francis Poulencs »Concert champêtre«, Casellas »Scarlattiana« oder Respighis »Antiche arie e danze« bis hin zu Griegs Suite »Aus Holbergs Zeit« oder Heitor Villa-Lobos' »Bachiannas«. Musikalische Denkmalsetzungen rechtfertigen auch die konkrete Stil-Referenz: Strawinskys »Monumentum pro Gesualdo« oder seine Orchesterbearbeitung des Bach-Chorals »Vom Himmel hoch«, Ravels »Le Tombeau de Couperin« oder Debussys »Hommage à Rameau«.

Wie leicht die schöpferische Anregung zum toten Reflex erstarrt, zeigt nicht nur die virtuose Verwendung von Geschichte als Muster eines Komponierens »à la ...«, sondern auch ihre zunehmende akademische Vereinnahmung. In Fächern wie Historischer Satzlehre oder den Handwerksübungen komponierender Konservatoriumsschüler kann jeder Stil, jede Musiksprache beschworen werden. Als intellektuelle Fingerübung, als Lösung bestimmter Kompositionsprobleme oder als Stilstudie werden die historischen Regelsysteme wie Deklinationsübungen verfügbar: der Historismus als Vorschule einer ästhetischen Relativitätstheorie. Auch das ist ein Abstraktionsprozeß, der Satzstruktur und musikalischen Inhalt aufspaltet, indem er das materielle Substrat beliebig verfügbar macht. Womöglich ist dies eine weitere Station im Entkopplungsprozeß von Mitvollzug und zerebralem Strukturvergnügen, diesmal allerdings keine psychologische wie im spätromantischen Chromatik-Fieber, sondern eine analytische.

Nach den Neo-Bewegungen fängt die Fin-de-siècle-Antike von Hugo von Hofmannsthal, Richard Strauss und Carl Orff einen letzten, noch ferneren Reflex der Musikgeschichte ein. Sie greift, ebenso wie »Orpheus und Euridike« von Kokoschka und Krenek oder »Oedipus Rex« von Cocteau und Strawinsky, auf den Mythenbezirk des antiken Europa zurück. Mit dem Enthusiasmus einer Spätzeit wird das älteste Erbe des Abendlandes beschworen. Gleichzeitig ist sie ein historistischer Rückgriff in die älteste musikalische Schicht unserer Kultur. Hofmannsthal, der kongeniale Librettist von Richard Strauss, beschließt seinen »Helena-Essay« 1928 mit dem programmatischen Aufruf: »Denn wenn sie etwas ist, diese Gegenwart, so ist sie mythisch – ich weiß keinen anderen Ausdruck für eine Existenz, die sich vor so ungeheuren Horizonten vollzieht – für dieses Umgebensein mit Jahrtausenden, für dieses Hereinfluten von Orient und Okzident in unser Ich, für diese ungeheure innere Weite, diese ragenden inneren Spannungen, dieses Hier und Anderswo, das ist die Signatur unseres Lebens. Es ist nicht möglich, dies in bürgerlichen Dialogen aufzufangen. Machen wir mythologische Opern, es ist die wahrste aller Formen.«

Hier weht die Grundstimmung der Epoche. Abgesang an das alte Jahrhundert und neuer Aufbruch finden sich zum Ausblick auf eine beginnende »Weltkultur«. Die Mythenschau verzichtet übrigens nicht auf die Moderne, denn die antiken Schicksalsdramen werden, wie bei »Elektra«, im Lichte von Nietzsches Dionysos-Apotheose und Freuds Psychoanalyse schon zum Gefäß aktueller Seelenlagen.

Hofmannsthal unternimmt dies als Dichter und Dramatiker, Carl Orff vollzieht den gewaltigen historischen Rückgriff musikalisch. Nach seinen Monteverdi-Bearbeitungen und der Mittelalter-Aneignung in den Carmina-burana-

Texten greift auch er mit »Antigone« (1949), »Trionfo di Afrodite« (1953), »Oedipus der Tyrann« (1958) oder »Prometheus« (1967) auf diese älteste abendländische Schicht zurück. Im Sinne des wissenschaftlichen Historismus ist diese Neuschöpfung antiker Musik zwar noch weit mehr Fiktion als die cäcilianische der alten Vokalpolyphonie, und für die Avantgarde ist sie als »Neo-Neandertal« (Strawinsky) ohnehin indiskutabel, dennoch entspringt sie einer sehr profunden Aneignung dieser Welt, die ebenso schöpferisch wie kundig Sprache, Rhythmus, Melos und Theater zusammenschweißt. Damit entsteht eine künstlerisch-authentische Vorstellung dessen, was im antiken Anfang als »Musikē« unlöslich miteinander verbunden war. Ihre vitale Ausstrahlung macht »Carmina burana« zum Hit der Open-air-Spektakel und CD-Verkäufe. Gleichzeitig wird Orff zum Spiegel des späten Historismus: Geschichtsassimilation aller Epochen trifft sich mit Hölderlin-Antike, (süddeutscher) Folklore und exotischen Instrumenten.

Mit dem Erreichen der Antike ist der geschichtliche Zeitrahmen bis zum Spekulativen ausgeschöpft. Der Historismus ist als übermächtige Gegenwart alter Musik, als moralische Zensurinstanz und als Verwandlung des zeitgenössischen Komponierens seit Mendelssohn und Schumann selbst zu einem Teil der modernen Musik*geschichte* geworden.

Aber die Last der Geschichte bedrängt auch jene, die sich Wagner versagt hatten. Friedrich Nietzsche, der intellektuelle Advocatus Diaboli der Epoche, bemerkt schon im »Zarathustra« zynisch: »Alle Zeiten schwätzen wider einander in euren Geistern.«

Stilkopie oder Stilbruch scheinen die einzigen Alternativen im Meer des Epigonentums zu sein.

Die radikale Evolution als Hoffnung

Die Avantgarde zielt auf den radikalen Stilbruch. Sie tut es aber, wie Schönberg, zunächst ebenfalls »historisch«. Denn Evolution ist folgerichtige Weiterentwicklung der Mittel. Der späte Beethoven, Reger und natürlich Wagner mit seiner »Tristan«-Harmonik werden zu »Vorläufern«. Auch hier legitimiert die Geschichte. Allerdings kassiert man deren Grundlagen mit der neuen Grammatik so radikal, daß das Publikum revoltiert. Die Symbiose von alt und neu, die zuletzt immerhin eine Spannweite von der »Gotischen Musik« bis zu Strawinsky und Hindemith ertragen hatte, bricht auseinander. Über Provokation, Skandale und »Privataufführungen« entsteht für die Avantgarde zunächst ein quasi exterritoriales Forum mit eigenem Publikum: eine Teilkultur. Die Aufspaltung des Musiklebens in die vielen Schichten, die heute unseren kulturellen Pluralismus ausmacht, zeichnet sich bereits deutlich ab: hier die Avantgarde-Zirkel, dort eine aufblühende Early-Music-Bewegung, daneben eine exilierte Kirchenmusik und dazwischen der Mainstream des Konzertpublikums aus Bildungsbürgertum, Abonnenten und Novizen, in dem ein kleiner Kernbestand historischer Musik zum beherrschenden Repertoire wird.

Nach Schönbergs neuer musikalischer Logik gilt der Ehrgeiz einer Nutzbarmachung neuer Materialwelten. Das führt zu einer Material- und Strukturobsession ohnegleichen. Was vorher, bei Wagners »Tristan«-Ekstase und auch noch in Schönbergs »Verklärte Nacht«-Espressivo oder Bergs »Lulu«-Verzweiflung durch Ausdrucksverlangen gedeckt war, tendiert immer mehr zur abstrakten Materialetüde. Die Ausschöpfung aller Aspekte struktureller Details gewinnt einen hohen kompositorischen Eigenwert. Der

Komponist wird zum Pionier und Forscher. Experiment, intensive Materialerkundung und revolutionäre Neuordnung bestimmen die Antriebe.

Die sinfonischen Riesenorchester verschwinden wie die Dinosaurier der Vorzeit und machen dem Kammerorchester und kleinen Formationen Platz. Schönbergs Kammersinfonie op. 9 für 15 Soloinstrumente oder Hindemiths Kammermusiken op. 36 sind die ersten Zeugnisse dafür. Aber der Wandel ist keine bloße Verminderung der Massen, sondern eine andere qualitative Stufe. Schönbergs Kammersinfonie, Strawinskys »Histoire du soldat«, sein »Bläseroktett« oder die »Symphonies à vent«, auch das Kammerkonzert von Alban Berg oder das Konzert op. 24 von Anton Webern führen gewissermaßen selektive Auszüge aus dem alten sinfonischen Orchesterspektrum vor. Sie zeigen, daß es sich um einen Abstraktionsprozeß handelt, mit dem eine »Summe« aus der überreichen spätromantischen Klangfarbenpalette in ausgewählten, quasi tabellarischen Mustern gezogen wird.

Verknappung, Konzentration und Abstraktion herrscht auch im Formalen: die Tendenz geht zu kleinen, konzentrierten Formen. Beispiel dafür sind die Kompositionen von Anton Webern. Aber sein Personalstil zielt innerhalb der Dodekaphonie neben konzentrierter Verknappung schon auf die weitere Organisation von Toneigenschaften und den Entwurf von Klangfarbenmelodien. Olivier Messiaën stellt bereits 1930 unter dem Einfluß von exotischer Musik und Zahlenmystik neue Tonskalen und Rhythmusmodelle auf.

Eine bedeutsame Weiterentwicklung dieser Richtung bringt das Konzept der seriellen Musik, das um 1950 Gestalt annimmt. Das Aufbruchspathos der Nachkriegszeit ließ mit den Internationalen Ferienkursen für Neue Musik in

Schloß Kranichstein bei Darmstadt seit 1946 eine vitale Werkstatt des musikintellektuellen Experiments entstehen. René Leibowitz, Olivier Messiaën, Edgar Varèse und Ernst Krenek waren die Hauptfiguren der ersten Phase. 1949 präsentierte Messiaën sein Klavierstück »Mode de valeurs et d'intensités«. Er organisiert dort sein Material so, daß jede Tonhöhe in drei Mensurschichten stets mit gleicher Dauer, Stärke und Anschlagsart erklingt. Der Gedanke, das musikalische Material nicht allein, wie in der Zwölftonmusik, nach den Tonhöhen zu ordnen, sondern in allen wesentlichen Eigenschaften des Tones wie Höhe, Dauer, Stärkegrad und Klangfarbe vorherzubestimmen und darauf die Struktur der Komposition aufzubauen, wird erstmals von Karlheinz Stockhausen als Konzept formuliert (Situation des Handwerks, datiert »Paris 1952«). Seine Kompositionen »Kreuzspiel« (1951), »Spiel« (1952), »Punkte« (1952) und »Kontra-Punkte« (1952/53) sowie Pierre Boulez' »Polyphonie X« für siebzehn Soloinstrumente (1951) und »Structures I« für zwei Klaviere (1952) sind die ersten Musikstücke, die dieser neuen Ordnungsidee folgen.

Die Struktur der Musik entsteht gewissermaßen aus »Tonpunkten«, von denen jeder als ein »Schnittpunkt« konstruierter Eigenschaftsreihen der Töne zustande kommt. Das ist eine faszinierende Konsequenz aus Schönbergs Aufbruch zu einer neuen Organisation der Tonbeziehungen. Bei ihr treffen sich historische und gedankliche Folgerichtigkeit: die weitere Befreiung aus den Abhängigkeiten eines »verbrauchten« Systems und doch strenge Determination nach der Logik neuer Regeln, die das Tonmaterial sehr viel feiner differenzieren als je zuvor.

Nicht weniger folgerichtig sind aber auch die Auswirkungen auf unser Musikhören. Denn damit werden die meisten bisherigen ästhetischen Bedeutungen und Hörerfahrungen der historisch bekannten Musik aufgehoben. Die Komposition wird aus einem emotional erlebbaren Verständnissystem auf rationaler (aber nicht notwendigerweise bewußter) Grundlage zu einem Informationssystem, das Emotionen als Begleiterscheinung nicht ausschließt, aber bewußte Ratio notwendig voraussetzt. Und zwar immer jene, die das jeweilige »Sinnkonzept« definiert. Seine Prämisse ist, wie schon bei der Dodekaphonie, daß die neue Organisation der Töne eine zwar andere, aber der alten Ordnung gleichartige semantische Wirkung entfalten wird. Das Verfahren rechnet mit der Gleichwertigkeit der neuen Grammatik für das menschliche Bewußtsein, entweder, weil die Grundlagen jeder musikalischen Grammatik konditionierbar, also jeweils erlernt sind, oder — falls man ontologisch argumentiert —, weil die neue Ordnung die gleiche Bedeutung für unser Bewußtsein hat wie die alte — oder wie vielleicht jede andere.

Verfolgt man den musikgeschichtlichen Weg bis dahin unter dem Aspekt der musikalischen »Ich«-Evolution seit der Wiener Klassik, so entspricht die totale Verfügbarkeit über das Material einer totalen Freiheit des komponierenden »Ich«.

Allerdings handelt es sich, gleichsam am Ende eines langen Prozesses, nicht mehr um das kraftvoll agierende und empfindende Subjekt Mozarts oder Beethovens, sondern eher um ein reflektierendes, ein »analytisches«. Aus der »objektiven« Musik der Bach-Zeit, die nicht unpersönlich ist, aber durch ihre »proportionale« Ordnung überpersönlich wirkt, wird nach der »Subjekt«-Musik der Wiener Klassik eine »subjektivistische« Musik. Ihr Paradox scheint, daß sie zwar höchst »persönlich« ist durch ihre Individualität, aber »objektiver« als je zuvor durch konstruktive Regeln, die weniger vom Ausdrucksbedürfnis des *Subjekts*

»Mensch« definiert werden, als vielmehr vom *Objekt* abstrakter oder materialimmanenter Organisation.

Damit, so scheint es, hat das musikalische Kunstwerk nun auch eine totale ästhetische Autonomie als Konstruktion erlangt. Es ist eine »analytische Ästhetik«, die besonders in ihren Materialerkundungen immer mehr sich selber zur »Referenz« nimmt. Auch wenn sie, wie etwa bei Nono, Lachenmann oder beim frühen Henze, als Chiffre außermusikalischer Botschaften verpflichtet wird, dominieren die autonomen, konstruktiven Merkmale alle funktionalen.

Die absolute Freiheit, die sich ihre Regeln selbst schafft, erzeugt Musik als Beispiel wechselnder »Problemlösungen« im Umgang mit dem Material und den selbst auferlegten Ordnungsvorstellungen. Das sichert Originalität, ohne die Gefahr inhaltlicher Banalität wie im historistischen Komponieren »à la ...«.

Allerdings verbürgen die seriellen Konzepte keine zuverlässige semantische Wirkung, denn sie stellen nur die Organisationsmethoden zur Verfügung, nicht eine »Ordnung«. Die Kriterien, nach denen der Komponist jeweils seine Parameter ordnet, bestimmt er selbst. Außer den Tonstufen der abendländischen Skala stiftet kein ontologisches und kein auf vereinbarte Bedeutungsregeln begründetes System ein allgemeineres »Verständnis«. Deshalb tendieren die seriellen Werke leicht zu einer Art »Privatsprache« ohne überpersönlichen Kommunikationswert. Folglich erhalten die Erläuterungen zum Werk fast den gleichen Rang wie die Komposition selbst. Sie werden Teil des Werkverständnisses, geben wichtige Hinweise zur Ausführung und sind unentbehrliche Voraussetzung seiner Dechiffrierung. Die Notwendigkeit der Dechiffrierung des Kunstwerks erweist sich, viel stärker als vorher, als grundlegende Voraussetzung. Sie ist Teil jener Dynamik, die mit der künstlerischen »Ich«-Evolution ebenso zusammenhängt wie mit der Komplizierung der materialen Prozesse.

Eingeübt wird sie bereits in der pädagogischen Provinz des späten Historismus. Dort soll im Entschlüsseln der Regeln einer vergangenen Musiksprache (etwa über die Kenntnis des Systems der rhetorischen Figurenlehre der Bach-Zeit) nicht nur Vergnügen, sondern Verstehen verbürgt werden. »Deutung« wird zum Garanten für »Bedeutendes«. Deshalb gehört das mit Deutungen umstellte Werk der Historie inzwischen ebenso zum modernen Kunstbegriff wie das der Deutung bedürftige der Zeitgenossen. Dechiffrierung ist zu einer Schlüsselkategorie der Rezeption geworden – eine bemerkenswerte Analogie zum analytischen Erfassen der Natur in den modernen Naturwissenschaften. Das Konzept der individuellen »Privatsprache« verbürgt zwar ein Maximum an schöpferischer Freiheit für den Komponisten, hat aber einen Verlust an Bedeutung durch fehlende Allgemeingültigkeit zur Folge. Auch dies wird zu einem Grundzug der Moderne. Es fördert jene »multiple Bedeutungsspaltung«, deren eine Seite die Atomisierung unserer heutigen Musikkultur ist, deren andere die »Weltkultur«.

Schon bald nach Formulierung der seriellen Ordnungsverfahren ergeben sich aber Schwierigkeiten, die zu Abwandlungen führen. Eine liegt im Problem der musikalischen Form. Noch bei Schönberg halfen alte Formen wie Rondo, Passacaglia oder Variation als quasi abstrakte Ordnungsmuster bei der Lösung der formalen Organisationsprobleme, obwohl sie ihren Sinn in der atonalen Welt verloren hatten. Jetzt, da die Verknüpfung der einzelnen Abschnitte einer umfangreichen seriellen Komposition selten zwingend aus den Strukturen abgeleitet werden kann, gehen einige Komponisten dazu über, Auswahl und Anordnung

der Abschnitte innerhalb eines Werks dem Zufall zu überlassen. Erste Beispiele finden sich bei Boulez (3. Klaviersonate, 1957), Stockhausen (Klavierstück XI, 1957) oder
Pousseur (Mobile für zwei Klaviere, 1958).

Ein anderes Problem zeigt György Ligetis grundsätzliche
Einsicht von 1960 auf: Weil »das total Determinierte dem
total Indeterminierten gleich wird«, hebt »die totale
Durchführung des seriellen Prinzips das Serielle schließlich
auf«. Später formuliert es die Philosophie grundsätzlicher:
»Moderne Kunst ist nicht mehr schön, sie ist prinzipiell
konvertibel mit Nichtkunst« (Odo Marquart). Das würde
etwas vom heutigen Semantikverlust im Meer der Beliebig-
keit erklären.

Im seriellen Komponieren beginnt sich deshalb die Idee der
vollkommenen Organisation des Materials seit der zweiten
Hälfte der fünfziger Jahre zu lockern. Mit einer Art »regu-
liertem Zufall« in der Aleatorik wehrt sich eine ältere Vorstellung von »kreativer Individualität« gegen die neuere der
totalen »Konstruktion«. Offenbar werden die mathemati-
schen und statistischen Verfahren seriellen Komponierens
nicht mehr als Inbegriff von Freiheit empfunden, sondern
als Spielart von Zwang.

Die erste Lockerungsstrategie geht aber noch vom seriellen
Systemdenken selbst aus. Boulez erteilt 1957 mit seinem
Vortrag »Alea« in Darmstadt dem Interpreten eine Lizenz,
gelegentlich den Notentext in einer vom Komponisten bestimmten Weise zu modifizieren. Er begründet das aus seinen eigenen kompositorischen Erfahrungen und eröffnet
dadurch eine Form von Freiheit, die man als »dirigierten«
oder »gelenkten« Zufall bezeichnet. Beispiele dafür sind etwa »Zeitmaße« für Bläserquintett von Stockhausen (1956)
oder die 2. Mallarmé-Improvisation von Boulez (1957).
Die zweite Reaktion auf die serielle Totale zeichnet sich in

der intuitiven Zufälligkeit von John Cage ab. Seine Vorstellung der *indeterminierten Werkkonzepte* meint musikalische Möglichkeitsformen, die – wenigstens im Überbau seiner Erklärungen – nicht mehr systematisch inspiriert sind, sondern philosophisch. Allerdings knüpft er dort teilweise an fernöstliche Vorlagen an (wie etwa das chinesische Orakelbuch I-Ging), wo gewisse statistische Verfahren eine Rolle spielen. Seine »Music for prepared pianos« stellte das Ergebnis bei den Donaueschinger Musiktagen 1954 erstmals in Europa vor. Tatsächlich wird mit dieser Tendenz aber letztlich die gesamte Satzlogik seit Schönberg in Frage gestellt. Die strengen musikalischen Ordnungssysteme der Moderne werden radikal dekonstruiert und lösen sich im diffusen Schleier freier Aufführungspraktiken, exotischer Klänge und neuer philosophischer Sinnsysteme auf. Auch das ist, besonders im Hinblick auf die Anleihen in anderen Kulturidiomen, ein Schritt hin zu einer vielschichtigen neuen »Weltmusik«.

Gleichzeitig mit dem Entstehen des seriellen Ordnungskonzepts vollzieht sich die Hinwendung zur elektronischen Musik. Sie lag in der Logik des Entwurfs, denn die analytische Neukonstruktion der seriellen »Tonpunkte« aus vielen Einzelparametern verlangte nach einer Klangquelle, mit der alle Toneigenschaften exakt erzeugt und genau kontrolliert werden konnten. »Das ordnende Denken ins Material hinein«, schrieb Stockhausen 1952, »und die Vermeidung der ›natürlichen‹ Eigenwilligkeit des Materials wird vielleicht durch elektronische Klangerzeugung in Zukunft möglich gemacht.«

Tatsächlich versuchte man in der Frühzeit der elektronischen Musik diese höchste Steigerung der Materialkontrolle umzusetzen. Aus der Partitur wird jetzt ein Realisationsskript, nämlich die Anweisung, wie die elektronisch erzeugten Klänge schrittweise aufs Tonband zu fixieren seien. Als Klangerzeuger dienten Generatoren, die über ein Mischpult, Filter, Modulatoren und Hallräume die gewünschten Klangspektren lieferten. Stockhausens »Studien I« und »II« sind erste Beispiele dafür.

Aber auch hier erhielt sich die Idee der reinen »Konstruktion« nicht lange. Man mischte und verband mit ihr zunehmend traditionelle Formen und Klangmedien. Da wird bald Sprache in elektronische Klänge integriert (Stockhausen, »Gesang der Jünglinge«, 1955/56) oder das Tonband mit Instrumental- oder Vokalmusik verbunden, entweder hintereinander (wie bei »Déserts« von Edgar Varèse, 1950-54) oder simultan (Bruno Maderna, »Musica su due dimensioni«, 1952/1963; Stockhausen, »Kontakte«, 1959/60; Milton Babbitt, »Vision and Prayer«, 1961 und »Philomel«, 1964).

Die sperrige, mehr physikalische als künstlerische Gerätemetaphysik der experimentellen Klangstudios wurde bald durch die rasante Entwicklung der Elektronik überwunden. Der Synthesizer ermöglichte das direkte elektronische Musizieren im Konzert oder die Veränderung von Klängen während der Aufführung. Erste Beispiele liefert Stockhausen, der in »Mikrophonie I« (1964) und »Prozession« (1967) gespielte Musik elektronisch transformierte und in »Mixtur« (1964) und »Mikrophonie II« (1965) konventionell erzeugte Musik mit elektronischer kombinierte.

Hier treffen sich das elektronische Studio und die »elektrischen« Musikinstrumente der U-Musik, von der E-Gitarre bis zum Sampler. Dort finden die wesentlichen Kapitel der ästhetischen Emanzipation elektronischer Klangerzeugung statt, die dann in die Konzertpraxis der Avantgarde eindringen. Sie nimmt zwar heute (noch) keine führende Stellung im alltäglichen Konzertleben ein, wird aber in anderer

Funktion immer wichtiger. Als Dienstleister an der Umsetzung der Partitur wird die Elektronik in der Studio-Ästhetik zu einer wichtigen Instanz des modernen Musiklebens, die uns noch beschäftigen wird.

Postserielle Perspektiven

Zur älteren Kontrapunktik von Historismus und Moderne tönt eine jüngere: die zwischen den Ordnungen der Avantgarde und ihrer prompten De-Konstruktion. Trotz des so viel kürzeren Zeitraums ist sie inzwischen kaum weniger vielschichtig als die alte seit der Wiederentdeckung der »Matthäus-Passion«. Ihr Bild ist bunt und vor allem zunehmend im Fluß. Die Tendenzen reichen von der bewußten Liquidierung der seriellen Ordnungskonzepte über deren schleichende Auflösung bis zu den vielen phantasievollen Paraphrasierungen, in denen zwar dodekaphonische und serielle Mittel eingesetzt werden, die aber ganz anderen Konzepten dienen. Und schließlich sucht eine kleine Fraktion nach den letzten noch verbliebenen Möglichkeiten des »Materials«. Einige abgründige musikphilosophische Positionen zwischen »Anti-Musik« und dem Ende der Musikgeschichte im Verstummen von Musik überhaupt zeigen die theoretische Verzweiflung, die seit Schumann und Brahms immer wieder über das Komponieren kommt. Immerhin bleibt die Musikgeschichte auch in dieser Kontrapunktik ein Mitspieler, ob schamvoll verdeckt, zitatenfroh offen, als Objekt lustvoller Auseinandersetzung oder morbider Trauerarbeit.

Als Anführer der neuen »jungen Wilden« profilierte sich Wolfgang Rihm. Er wendet sich gegen jeden formalen Konstruktivismus und besteht auf sinnlicher Präsenz (wie mit

»Ins Offene ...« oder »sphere«), oft sogar auf Pathos. Die späten Werke von Luciano Berio überblenden die strukturellen Netze durch ihren starken Folklorebezug (»Coro« von 1975/77 oder »Voci« von 1984).

Daneben stehen Inszenierungs- und Performance-Konzepte, die bestimmte Aufführungsorte und -räume in *Klang-Environments* einbeziehen (wie bei den Installationen von Walter Fähndrich oder Dieter Schnebels »Ki-no« und »Ré-actions«).

Schließlich kann auch die Wiederbelebung eines modernen Musiktheaters als Reaktion gegen das strenge serielle Weltbild verstanden werden, dessen Vertreter die Oper nicht liebten. Beispiele sind Werke von Hans Werner Henze, der sich dem seriellen Dogma nie ganz fügen wollte (»We come to the river«, 1975), von Mauricio Kagel (»Die Erschöpfung der Welt«, 1980), György Ligeti (»Le Grand Macabre«, 1978), Wolfgang Rihm (»Jakob Lenz«, 1978; »Hamletmaschine«, 1987; »Oedipus«, 1987), Hans Zender (»Stephen Climax«, 1986), Aribert Reimann (»Lear«, 1978; »Troades«, 1986; »Das Schloß«, 1992) oder Hans-Jürgen von Bose (»Die Leiden des jungen Werther«, 1986 bis »Schlachthof V«, 1996).

Eine besondere Strategie der Liquidierung serieller Konzepte entsteht durch die sanfte Umformulierung von Strukturwerten zu Klangwerten. Das illustrieren vor allem Kompositionen von György Ligeti oder György Kurtág. In Ligetis »Atmosphères« wird das für das serielle Komponieren so wichtige Element Intervall systematisch durch eine Mikropolyphonie aufgehoben, in der jedes Orchesterinstrument seine eigene Stimme spielt. Für Kurtág bleibt die Musik in ganz besonderem Maße eine »Sprache«. Ihr will er die »Authentizität« von Tönen, Intervallen und Klängen wiedergewinnen.

Die Arriviertheit der seriellen Mittel wird für Komponisten wie Luigi Nono oder seinen Schüler Helmut Lachenmann zur Demonstration politischer Gesinnung. Aber auch wenn Nonos »Intolleranza« (1961) als triftiges Zeugnis einer Schule fortwirkt, die ästhetische Wirkung durch politischen Protest vertrat, hat das »politische« Komponieren seine Kraft verloren. Immerhin wahren die Bekenntnisse von Lachenmann, daß »tonale Erfahrungskategorien und das daran gebundene Bewußtsein potentielle Schlupfwinkel bürgerlichen Denkens« seien, sowie sein strenges Urteil über den »tonalen Stör- und Korruptionsfaktor« die Pose dieser politischen Ästhetik.

Die letzte strukturelle Evolution, die momentan sichtbar ist, vollzieht sich mit der Auflösung der Tonstufen des Oktavraums. Die zwölf Tonstufen des temperierten Systems werden mit Hilfe der natürlichen Obertonreihe zu einer »Infrachromatik« umstrukturiert, die das »Kontinuum« eines mikrotonalen Raums erschließt. Diese neotonale oder neokonsonante Richtung relativiert die alte Konsonanz-Dissonanz-Erfahrung noch weiter und entwirft ein Klangspektrum völlig gleichberechtigter Tonpunkte. Damit soll »die kulturell angepaßte und nach vielen Jahrhunderten erschöpfte, temperierte Tonleiter« ersetzt werden.

Auch dieser radikale Entwurf hat historische Wurzeln. Die vielen Anleihen bei Skaleneinteilungen anderer Musikkulturen von Bartók und Debussy bis Messiaën gehören ebenso dazu wie die Vierteltonkompositionen von Alois Hába.

Erste Boten des »neotonalen« Weges sind Giacinto Scelsi, der späte Luigi Nono oder der Rumäne Horatiu Radulesco, gefolgt von Claude Vivier (»Prélude pour un Marco Polo«) und der französischen Gruppe »L'Itinéraire« mit Tristan Murail, Gérard Grisey und Hugues Dufourt. Aber auch der »serielle« Däne Per Nørgård beschreitet ihn ebenso wie

Iannis Xenakis mit seinen nicht-oktavierenden modalen Tonleitern (»Tetora«).

Am leichtesten läßt sich die Erzeugung dieser Tonelemente mit elektronischen Mitteln bewerkstelligen. Deshalb liegt hier der zwanglose Übergang zur computergenerierten Musik des Jahrhunderts: Der hochgespannte Dialog Mensch-Maschine, Kern eines ästhetischen Aufbruchs zwischen früher Kybernetik und Sinusklängen wird zum eleganten Handwerk am Computer-Keyboard. Xenakis verwendet bereits seit den fünfziger Jahren konsequent mathematische Verfahren als Kompositionskonzepte. Ziel ist eine allumfassende Formalisierung der Musik, in der jedes denkbare Tonsystem, jeder Rhythmus, jeder Klang durch mathematische Funktionen beschreibbar und verfügbar gemacht wird: von der Wahrscheinlichkeitsrechnung (*musique stochastique* wie in »Metastaseis«) über die Spieltheorie (*stratégie musicale*) bis zur logischen *musique symbolique* (wie in »Koirani«). Jakob Ullmann zeigt mit komplizierten kybernetischen Programmen »nicht-intentionales Komponieren«, und der computerkomponierende Ligeti-Schüler Kiyoshi Furukawa demonstriert lässig die völlige Normalität des neuen Mediums mit der Bemerkung: »Ich sehe keinen Unterschied zwischen dem, was Bach gemacht hat, und dem, was ich mache.«

Eine Reaktion ganz anderer Art zeigt sich in der »Minimal Music«. Sie entzieht sich der Dialektik mit den Mitteln älterer musikalischer Verfahren, ohne aber Bezug zu nehmen auf bestimmte historische Traditionen. Dafür stehen die Werke von Philip Glass, La Monte Young, Steve Reich oder Louis Andriessen. Vor allem Glass hat mit seinen Opern »Einstein on the Beach« (1976), »Satyagraha« (1980) und »Echnaton« (1984), die alle zusammen mit Robert Wilson entstanden, und mit »La belle et la bête« enorme Publikumserfolge erzielt. Ihre archaische Tonwelt, die langwellige Zeitstruktur und eine suggestive Gleichförmigkeit entfalten ein klangmagisches Potential, das die einen in Bann zieht, den anderen auf die Nerven geht. Tatsächlich aber folgt diese Musik ähnlichen Gesetzen wie die »Leise Musik« von John Cage und Morton Feldman, die repetitiven Klangfelder von Terry Riley oder die »New Age Music«, in der sich die Struktur in Klanganimismus und die Form in monotonen Endlosschleifen auflöst. Auch die Musik von Olivier Messiaën, deren statischer Satz stark auf Wiederholung und Variation beruht, wirkt in gleicher Richtung, obwohl sie sehr viel differenzierter gebaut ist: »Messiaëns Harmonien sind Objekte der Kontemplation und keine Subjekte einer Aktion« (Paul Griffiths).

Die gleiche Wiedergewinnung von Klanglichkeit erklärt auch die überraschenden Erfolge von Henryk Góreckis Sinfonien, Avo Pärts Musik seit Ende der siebziger Jahre (»Johannes-Passion«, »Te Deum«) oder von Krzysztof Penderecki seit seiner »Lukas-Passion«. Der Däne Poul Ruders zelebriert in seiner Vierten Sinfonie »Himmelhoch jauchzend, zum Tode betrübt« (1989) Klangflächen und auratische Gongklänge mit großem Orchester, Synthesizer und Digitalklavier.

Góreckis Dritte Sinfonie wurde 1976 bei ihrer Uraufführung auf dem Festival von Royan noch glatt ausgebuht. 1978 begann ihre Weltkarriere als Hit der Pop-Charts in einem Lokalradio. 1996 wurde Pärt Ehrenmitglied der exklusiven *American Academy of Arts and Letters* mit der Begründung, »seine Musik bewege das Herz und präge sich gleichzeitig durch ihre Kunst ein«.

Unter dem Zeichen eines neuen Klangkults trifft sich aber auch die populistisch vermarktete Gregorianik mit der Moderne, erlebt die klangmächtige ostslawische und russische

Chormusik einen CD-Boom. Nach den »Besten Werken des gregorianischen Gesangs« der spanischen Mönche von St. Domingo de Silos (PolyGram, 1994) stoßen die Kirchengesänge »Faith of our Fathers« irischer Mönche 1996 in die britische Hitparade vor und verdrängen Pop-Gruppen wie REM und Simply Red von der Spitze der Charts. »Akathist of Thanksgiving« (Sony) ist eine ekstatische Hymne an verschüttete byzantinische und orthodoxe Traditionen, »Flamma, Flamma«, das »Feuerrequiem« des Belgiers Nicholaus Lens (Sony) versucht sich mit gewaltigen Chorpassagen an einer Klangsymbiose zwischen Gregorianik und Pop. Konjunktur hat auch die New-Age-Musik mit all ihren diffusen Überblendungen zur Meditations- und Entspannungsmusik. Das Spektrum reicht von Reikis »Healing Music« und »Light of Tao« über Naturgeräusche (»Spiritual Environment«, »Morning Breeze« oder »Rain Forest« mit den Geräuschen des fließenden Wassers, reinen Dur-Klängen und tibetanischen Glocken) bis zu den Erzeugnissen des akustischen Okkultismus (»Chakra Sounds«, »Lotus-Herz-Heilung« oder gar die elektronische Stimulierung der »Mega Brain Zones«) und versteht sich als Hymne an »eine Musik, die ihren Ursprung nicht vergessen hat«, und an ein Bewußtsein, »wo sich aus der Stille der Klang erhebt und aufsteigt« (Chaitanya Deuter).

Die Klanglichkeit als geheimes Generalthema, gleich ob als postserielle Umwertung von »Struktur« zu »Klang«, als Rückgriff in alte Schichten der Geschichte oder neue der »Weltkulturen«, lenkt den Blick noch auf einen anderen Aspekt der Moderne.

Wenn Schönberg bereits 1934 in »Style and Idea« bemerkt: »Die Komposition mit zwölf Tönen hat kein anderes Ziel als Faßlichkeit«, so sollte damit die ästhetische Wirkung letztlich die strukturelle legitimieren. »Faßlichkeit« ist auch bei Anton Webern ein wichtiges Thema. Im oft zur Charakterisierung der Musik der Zweiten Wiener Schule gebrauchten Begriff der »Expressivität« findet sie immerhin noch einen ästhetischen Reflex als Ausdruckskategorie.

Aber mehr und mehr wird deutlich, daß der Begriff ganz anders gefüllt wird als gedacht. Wenn in der postseriellen Musik Strukturwerte immer unverblümter als Klangwerte begriffen werden, dann bedeutet das nichts anderes als eine Relativierung allen konstruktiven Aufwands. Der hörende Mensch macht von seinem Grundrecht auf Wahrnehmbarkeit strukturellen Geschehens Gebrauch, unabhängig vom Kunstanspruch des Komponisten und dem Deutungsaufwand der Exegeten. Damit werden aber auch wieder Erfahrungen aus Hörpsychologie und Musiktherapie diskussionswürdig, die vor dem kategorischen Anspruch der absoluten ästhetischen Autonomie des Kunstwerks zu schweigen hatten. Der Freiheitsbegriff des historisch emanzipierten Künstlers und die Suprematie des autonomen Kunstwerks reiben sich hart mit dem Recht des aufgeklärten Hörers auf »Bedeutung«. »Die Musik wird immer komplexer, ihr Sinn scheint sich sogar zu verflüchtigen«, bemerkt Luciano Berio und sucht zunehmend Rückhalt bei festem Text und konkretem Wort.

Das relativiert auch die »Dechiffrier«-Prämisse der Moderne. Denn eine Strukturlogik, die ohne Codeschlüssel nicht zu entziffern ist oder aber vom Hörer rücksichtslos auf ihre blanke ästhetische Wirkung reduziert wird, verfehlt vielleicht nicht das komponierte Sinnkonzept, mindestens aber eine wichtige Bedingung von »Kommunikation«. Es scheint, als müsse sie sich wieder stärker am klangsinnlichen Befund bewähren statt allein am analytischen. Vielleicht war Pierre Boulez' Stück »Pli selon pli« eine Reaktion auf solche Erfahrungen, denn es verfiel prompt dem

ätzenden Verdikt der rigiden Strukturalisten. Sie brand-
markten es als »neue Suavität«, die »dem danach schlek-
kenden Hörer Schmalz und Süßigkeit um die Ohren
schmiert« (Heinz-Klaus Metzger).
Die Musikgeschichte bleibt im Komponieren als Reflex
präsent. Sie hat aber selten so affirmativen Charakter wie
zu Beginn des Jahrhunderts bei den »Variationen über ...«
oder bei den neuesten Welt-, Zeiten- und Zitatcollagen wie
von Boses »63: Dream Palace« oder »Schlachthof V«. Be-
zeichnender ist ihre Anwesenheit als Phantomschmerz, an
dem modernes Komponieren leidet, sehnsüchtig, verzweifelt oder ironisch gebrochen. Bereits in den Sinfonien Gustav Mahlers klingt diese Haltung an mit verfremdeten Zitaten, die Wehmut und neue Beschwörung so faszinierend
vereinen. Luciano Berios »Sinfonia« (1969), gewidmet den
New Yorker Philharmonikern, folgt in ihren Zitatmonta-
gen der Suggestion vergangener Musik. Maurico Kagels
Liedoper »Aus Deutschland« (1981) persifliert die Romantik und Schubert, wie seine Beethoven-Hommage »Ludwig
van« schon vorher die Klassik. Die Hölderlin-Kammeroper
»Nacht« von Georg Friedrich Haas (uraufgeführt bei den
Bregenzer Festspielen 1996) beschwört mit dem bei der
Avantgarde so seltsam beliebten Hölderlin-Topos die Romantik als rettungslos verlorene historische Utopie.
Eine letzte, abgründige Reaktion ist schließlich die These
vom Verstummen der Musik – vielleicht keine ganz unsin-
nige für ein evolutionäres Geschichtsverständnis, das gülti-
ge Musik nur am Materialfortschritt definiert. Mit dessen
drohender Erschöpfung senken sich die Horizonte.
Das düstere Motiv tönt als verborgener *basso ostinato* seit
Adorno immer wieder hinter den lauten Oberstimmen der
strukturellen Fortschrittseuphorie auf. Adorno, scharfsich-
tiger Diagnostiker gesellschaftlichen Unbehagens, nimmt

für die Musik der Zweiten Wiener Schule in Anspruch, den sozialen Gehalt der modernen Gesellschaft darzustellen (»Philosophie der Neuen Musik«, 1949). Sie ist die Kunst, die eine »sinnlose Welt erhellt«. Ihr opfert sich die Neue Musik als Wahrheitsmedium: »Alle Dunkelheit und Schuld der Welt hat sie auf sich genommen. All ihr Glück hat sie daran, das Unglück zu erkennen; all ihre Schönheit, dem Schein des Schönen sich zu versagen.« Damit ist sie stets, namentlich nach Auschwitz, mit Unwahrheit, Entfremdung und Depravation verbunden. Adorno definiert die Musik nicht unter dem Aspekt erfahrbarer menschlicher Transzendenz (wie von der Gregorianik bis zur Bach-Zeit) oder einer humanistischen Botschaft (wie in der Wiener Klassik) oder sehnsüchtig-reflektierender Ganzheitsbeschwörung in der Zerrissenheit (wie in der Romantik), sondern als Ausdruck eines unheilbar unheilen Diesseits. Damit wird er zum bedeutendsten Vertreter der »Theorie des unglücklichen Ohrs« (Peter Sloterdijk). Diese versperrt sich die ontologische musikalische Erfahrung systematisch, denn sie muß Regression *ver*bieten, weil musikalische Technik sich an der vordersten Linie des historisch Möglichen zu orientieren hat – zugleich aber *ge*bieten, weil große Musik immer vom Heimweh nach der weltlich unmöglichen Utopie zeugt. Hier bliebe *historisches* »Verstummen« immerhin ein Weg aus dem *ontologischen* Dilemma.

Schon die konzentrative Verknappung beim späten Webern ist für Adorno Zeichen eines »Verstummens«. Von der alten Fülle bleibt nur das »Gestische«. Es wird von den einen als äußerste Konsequenz der Expressivität verstanden, von den anderen als letztes Zeichen vor dem Schweigen. Dieter Schnebel bezeichnet modernes Komponieren einmal als »Musik nach dem Ende von Musik«. John Cage predigt die neue Stille und setzt ihr in der Komposition »4'33''« mit

drei Sätzen *tacet* ein vielbelächeltes Denkmal. Eine Aufsatz-
sammlung über moderne Musik (herausgegeben von Ulrich
Dibelius, 1969) trägt den beziehungsvollen Titel »Musik
auf der Flucht vor sich selbst«, eine Kammermusikforma-
tion den Namen »Ensemble Musica Negativa« (Riehn/
Metzger, 1969). Der Komponist Heinz Holliger macht in
einigen Stücken eine Art De-Komposition zum operativen
Verfahren. Ziel ist ein Erschöpfungsprozeß der Mittel, ein
organisiertes Auslöschen und Absterben als Metapher eines
»ikarischen Scheiterns« (wie etwa in »Come and go« oder
»Ad marginem« aus dem »Scardanelli«-Zyklus).

Das Publikum als Mit- und Gegenspieler

Musik*geschichte* meint die Summe des Komponierens. Sie
ist also vor allem Kompositionsgeschichte und Biographik.
Das Musik*leben* einer Zeit aber besteht aus Werk *und* Hörer, aus Komponisten *und* Publikum. Es ist ein Dialog, der
nicht nur als Sozialprozeß wirksam ist, sondern zutiefst im
Wesen dieser Kunstform begründet liegt. »Musik ist Erklingen« (Thrasybulos Georgiades), denn erst dort erlangt
sie ihre eigentliche, gemeinte Existenzform. Die Partitur,
die Noten sind nur ein latenter Aggregatzustand von Musik, die erst mit der Umsetzung ins Tönende ihren eigentlichen ontologischen »Ort« erreichen. Die Partitur ist also
gewissermaßen eine Anweisung zu einem »Tun«, das erst
im Zuhören seinen Zweck erfüllt. Dieses Tun kann, wie
bei Improvisation oder bei Musik aus nicht-schriftlichen
Traditionen, sogar ohne notierte Vorlage seinen Sinn als
Musik entfalten. Das wahrnehmende Gegenüber ist also
bei Musik und Theater (viel mehr als bei den anderen
Künsten) natürlicher Resonanz- und Wirkungsraum: Mu-

sik »ereignet« sich im Spannungsfeld zwischen Musizierenden und Hörenden, Kompositionsgeschichte realisiert
sich im musikalischen Tun der Aufführung. Vielleicht sind
die Reaktionen des Publikums letztlich nicht maßgeblich
für den Wert komponierter Musik, aber sie sind unentbehrlicher Teil der dialogischen Struktur des Musiklebens.
Dies um so mehr, seit Reichweite und Massenhaftigkeit
der Rezeption zu Qualitäten von hoher ästhetischer, psy-
chologischer und wirtschaftlicher Bedeutung werden: im
Medienzeitalter.

Furtwängler zeichnet ein Hochbild dieser Beziehung, wenn
er sagt: »Musik als Kunst setzt eine Gemeinschaft voraus.«
Emphatisch charakterisiert er sie als eine »Liebesgemeinschaft, die auf Gegenseitigkeit« beruhe. Ihre geistige Gleichung sei Beethovens Widmungswort der »Missa solemnis«: »Von Herzen – möge es zu Herzen gehen!« Gleichzeitig sieht er im menschlichen Gegenüber des Komponisten
eine Schiedsinstanz, wenn er folgert: »Was nicht für den
Menschen geschrieben wird, wird auch von Menschen
nicht angenommen« (Der Musiker und sein Publikum,
1954). Noch mehr Vertrauen hat er in die kollektive historische Urteilskraft des Publikums: »Im tiefsten Grunde, das
heißt, auf die Dauer, erweist sich dies Etwas: ›Publikum‹
nämlich als geradezu *unbeeinflußbar*. Wohl wird es leicht
kopfscheu gemacht, wohl kann man ihm sein Selbstbe-
wußtsein nehmen; es zieht sich dann schweigend in sich
selbst zurück. Es aber zu veranlassen, Dinge schön zu finden, die ihm nicht gemäß sind, ist *auf die Dauer* unmög-
lich, da es instinktiv, zwangsläufig, nach ihm selbst unbewußten, aber in ihm liegenden Gesetzen urteilt.«

Auch Strawinsky hält viel von der Kompetenz des Publikums. »Es ist meine Überzeugung, daß das Publikum sich
immer loyaler zeigt als diejenigen, die sich berufsmäßig zu

Richtern über die Kunstwerke aufspielen«, bemerkt er in seiner »Musikalischen Poetik« (1942).

Schönberg hingegen bevorzugt eine ambivalente Haltung zum Hörer. Einerseits betont er die »Faßlichkeit« als Ziel seines Komponierens, andererseits aber bemerkt er kühl: »Die [Rücksicht auf den Hörer] kenne ich so wenig, wie er die Rücksicht auf mich kennt. Ich weiß nur, daß er vorhanden ist und, soweit er nicht aus akustischen Gründen unentbehrlich ist (weil's im leeren Saal nicht klingt), mich stört« (Brief an Alexander von Zemlinsky, 23.3.1918).

Adorno instrumentalisiert den Solipsismus moderner Kunstautonomie sogar gegen das Publikum, wenn er befindet: »Die Dissonanzen, die die Hörer schrecken, reden von ihrem eigenen Zustand: einzig darum sind sie ihnen unerträglich.« Eine glatte Aufkündigung der Beziehung zum Publikum formuliert Iannis Xenakis, wenn er sagt: »Folglich geht das, was man macht, nur einen selbst an – die Gesellschaft sollte damit nichts zu tun haben.«

Lachenmann teilt mit seinem Lehrer Nono die politische Bewertung von »Öffentlichkeit« aus einer Zeit, als sich die Neue Musik vom Bewußtsein des »bürgerlichen Publikums« mit Schocks schroff distanzierte, wenn er abwehrt: »Auf keinen Fall möchte ich für irgendeine gerade bestehende Gesellschaftsordnung oder gar für irgendeine Gesellschaftsschicht das erwünschte Dekor, die tönend bewegte Tapete liefern ...« Der Komponist Manfred Werder fragt: »Aber wer definiert, was Gegenstand der kompositorischen Arbeit ist und was nicht?« und antwortet sich selbst: »Wer schreibt, beantwortet die Frage für sich allein, für niemanden sonst.«

Die von der Tonalität, den dodekaphonischen und seriellen Konzepten befreite Musik des »Privaten« verzichtet durch die radikale Absage an den »Sprachcharakter« der Musik bewußt auf ein weiteres Kommunikationsmittel. Iannis Xenakis betont dies, wenn er sagt: »Musik ist nämlich keine Sprache. Es ist nicht ihre Aufgabe, mit ihren Tönen irgendwelche Bedeutungen auszudrücken.« Ebenso Dieter Schnebel: »Beethovens fast zwanghaft wiederholte Versuche, Musik zur Sprache zu bringen, ihr Inhalt zu geben ... Warum also just Musik Sprache nennen, statt nach ihrem Eigentlichen zu fragen?« oder der Flötist und Komponist Eberhard Blum, langjähriges Mitglied im Ensemble Morton Feldman: »... Musik kann nur dann zum ästhetischen Ereignis werden, wenn sie grundsätzlich von der Notwendigkeit, mit Tönen und Klängen etwas ausdrücken zu müssen, befreit wird.«

»Jegliche Hoffnung, daß die Schocks der modernen Musik sich schon legen würden ... widerspricht aller Realität, denn die moderne Musik widerstrebt inhaltlich und kommunikativ allen Normen überkommener Kunstmusik«, resümiert der Komponist und Theoretiker Konrad Böhmer die Situation nüchtern (Das böse Ohr, 1993). Das klingt nicht nach evolutionärem Wandel, sondern nach einem glatten Paradigmenwechsel. Er steht für den Bruch, nicht die Kontinuität und formuliert die radikale Abgrenzung einer Teilkultur.

Das Selbstverständnis der Avantgarde steht also gegen den Dialog mit dem Publikum. Donaueschingen als »Ort der ewigen Differenz« (Barbara Bastig) steht für immer gegen Bayreuth und Salzburg. Kunst von Rang hat Widerstand zu leisten, lautet die Prämisse, und nicht das Publikum zu bedienen. Wenn Kunst tatsächlich als ein immer »Anderes«, als ein »Innen« gegen das »Außen« von Welt und Gesellschaft steht, dann, so scheint es, leisteten Bach, Mozart, Beethoven oder Bruckner im Namen einer anderen Referenz Widerstand. Der Unterschied zur Moderne besteht aber womöglich nicht im anderen Kunstverständnis, sondern darin, daß sich Künstler und Publikum darüber einiger waren, worin dieses »Innen« vom »Außen« tatsächlich kategorisch geschieden ist und damit zu Recht »Widerstand« definiert.

Weil die Avantgarde den Dialog mit dem Publikum bewußt flieht, verfehlen alle Versuche, das »falsche Verhalten« des Publikums dafür verantwortlich zu machen, ihren Sinn: Das Publikum verhält sich so, wie es das Selbstverständnis der Avantgarde will. Thesen wie »Vielleicht wird die Neue Musik auch deshalb abgelehnt, weil dieses Prinzip des Widerstandes gegen die festgefahrene Ordnung sehr wohl verstanden wird« (Intendant Udo Zimmermann) oder »Daß heute aber hauptsächlich alte Musik aufgeführt wird, liegt zum großen Teil an der Marktwirtschaft und an den Medien, die Schallplattenproduktionen verwerten wollen« (Dirigent Peter Eötvös) lamentieren an der falschen Klagemauer.

Unter diesen Umständen ist es kein Wunder, daß die »rezeptive« Seite unseres Musiklebens ein völlig anderes Bild zeigt als die »kreative«. Hier bestimmt die »Musik des Publikumdialogs« die Szene, und nicht die E-Musik-Avantgarde, die sich durch Verweigerung definiert. Hier hat sich der Historismus nicht als kontrapunktische Nebenstimme zur Moderne entwickelt, sondern als Hauptstimme. Hier ist die Musikgeschichte kein Objekt der Trauerarbeit, sondern Fanal eines Triumphzugs. Hier ist alte Musik nicht Museum, sondern ästhetische Gegenwart. Hier bestätigt sich nicht die *Mimesis*-Theorie, wonach Kunst nur als gültiger Ausdruck der Zeit Identifikation stiftet, sondern die Ontologie, wonach gerade das »Mehr als die Zeit Seiende«, nämlich ihr »utopischer Überschuß« (Ernst Bloch) Geltung begründet.

Entschließt man sich, unter dem Aspekt der dialogischen Struktur des Musiklebens diese Situation positiv zu bewerten (und nicht das entgegengesetzte Verständnis der Avantgarde), so stellt sich die Frage nach den Gründen für diese Entwicklung.

Die zunehmende Entfernung vom Publikum ist zunächst eine Folge des romantischen Geniekults mit seinem Werkbegriff. Umstrahlt von der Aura der Kunstreligion, entwickelt sich der Begriff des Genies von der ästhetischen Autonomie der Klassik bis zu einer Absolutheit, die sich selbst als Referenz nimmt. Dabei war der Werkbegriff bis tief in die Wiener Klassik vor allem ein »Aufführungsbegriff«, der immer eine für bestimmte Anlässe geschriebene Komposition meinte, abgestimmt auf bestimmte Besetzungen und Umstände. »Unverstandene« Größe eines Werks, die erst die Nachwelt einlöst, gehört zu den Geschichtsfiktionen aus der Romantik. Zwar wuchs vielen Werken durch die Entfaltung ihres inneren Potentials in der Geschichte nach und nach eine weit größere Bedeutung zu als in ihrer Entstehungszeit, aber das Urteil über Wert und Tauglichkeit eines Werkes wurde durch seine Aufführung gefällt. Die repräsentative Malerei des 15. Jahrhunderts entstand auf der Basis von Bestellung und genauen Absprachen. Den Gemälden von Filippo Lippi, Domenico Ghirlandaio oder Fra Angelico lag eine Art von Vertrag zugrunde, der die Bilddetails vom Inhalt bis zur Farbqualität festlegte; die Porträts von Donatello, Rembrandt oder Holbein waren bis in Kleinigkeiten mit den Auftraggebern besprochen und mußten »entsprechen«; Bach schrieb seine Kantaten für die Kirche und die Stadt, von denen er sein Gehalt für die Erfüllung musikalischer Amtspflichten »am Publikum« erhielt, nicht für luftige Genialität; Mozart komponierte bis hin zum »Requiem« so gut wie nichts ohne Auftrag oder Anlaß.

Aber bereits bei Beethovens Neunter, Schuberts Achter und erst recht bei Wagners »Parsifal« hat sich die Lage verändert. Sie opfern nicht der »Pflicht«, sondern den Genien – obwohl die kultischen Gaben auch auf das Wohlwollen des Fürsten, die Zeichner der Patronatsscheine oder die Privatschatulle von Ludwig II. spekulierten. Während Bach viele Kantaten im sogenannten Parodieverfahren für andere Anlässe, Wiederaufführungen oder neue Klangmedien von Orchester bis Cembalo umarbeitete, produziert die Moderne vor allem unberührbare »Originale«. Strawinsky oder Schönberg schreiben jede kleinste dynamische und agogische Nuance vor, jede Phrasierung, jedes Staccato. Noch strenger geht es bei Stockhausen oder Boulez zu. Das Werkverständnis der Moderne entwickelt sich mit der Aura aus Klassik und Romantik zu einer monomanen Übung einsamen Kunstkalküls, dessen Unantastbarkeit sakrosankt ist. Als Genieprodukt bedarf es keiner Bestätigung in der Aufführung oder eines Dialogs mit einem unkundigen »Du«.

Eine andere Ursache liegt in der zunehmenden Individualisierung des musikalischen Satzes, mit dem seine Verbindlichkeit verfällt. Wie im langsam verschwimmenden »Ich«-Bild der Spätromantik das Subjekt seine Konturen verliert, so löst sich der hörende Mitvollzug von der immer persönlicheren Satzlogik ab – und entfremdet Hörer und Komponisten. Allerdings nicht allein im Sinne der »immanenten, gesellschaftlichen Identitäten-Spiegelung« Adornos, sondern durch einfache Wahrnehmungssperren.

Daß es hier viel weniger um individuelle Inhalte, sondern um die grundsätzliche Qualität der musikalischen Semantik geht, zeigt die Rezeption der älteren Musik. Riesige Bereiche dieser Musik, die man ihrem »inhaltlichen« Rang nach ohne Skrupel als Massenprodukte bezeichnen kann, wie etwa die zahllosen Concerti, Ouvertüren, Suiten und

sogar Opern der Barockzeit, finden sehr viel mehr Gegenliebe als inhaltlich wesentlich gewichtigere Werke der Moderne. Offenbar haben Grammatik und Semantik einer
musikalischen »Sprache«, also die Hauptwerte wahrnehm-
barer Satzstruktur, weit mehr Bedeutung als »Inhalte« und
Konzepte, sei es als hochexpressive Klanggesten, als ideen-
reicher Überbau oder als enigmatisches Dechiffrierpoten-
tial. Adornos böses Wort, »Sie sagen Bach, meinen Telemann ...« von 1951, wird von den Produktionswellen des
Genres längst überholt. Das Repertoire reicht inzwischen
nicht nur von Telemann bis Corelli, Locatelli, Albinoni,
Geminiani, Vivaldi etc., sondern wächst durch immer neue
Ausgrabungen ständig an. Nach allen Cembalosuiten der
französischen Clavecinisten, den Ballettsuiten Lullys und
Rameaus, und portugiesischen Kleinmeistern bleiben uns
auch die vielen versunkenen Noten aus den Hofbibliothe-
ken sächsischer, polnischer oder tschechischer Duodez-
Residenzen nicht länger verborgen.

Kritiker und Zunftgenossen diskutieren, die Gelehrten analysieren, die Komponisten lamentieren – das Publikum
aber reagiert. Zwar unartikuliert, doch deutlich – und entzieht sich großen Teilen einer als insignifikant empfundenen Moderne mit interesselosem Mißbehagen: Geschichte
als Flucht und ästhetischer Eskapismus. Die »Klassik«, die
es in der Gegenwart nicht findet, beschert ihm die Vergangenheit. Den Dialog, den ihm die Avantgarde verweigert,
sucht es in der Pop- und U-Musik. Die Musikindustrie handelt entsprechend effizient. Sie besetzt das gewinnträchtige
Terrain, das ihr das stumme Verhalten des Publikums weist
(und nicht das beredte der verschiedenen Zünfte) – weil
sich das mit ihren eigenen Strategien und Interessen bestens
verträgt.

Unvermeidliche Folge davon ist der Kult der Interpretation.

Er definiert das »Schöpferische« ins »Nachschöpferische« um und ersetzt die Botschaft des »Neuen« durch die Varianten des »Alten«. Im Bereich der Early-Music-Bewegung etabliert sich, angespornt durch die Erkenntnisse der Musikforschung, eine »Gegenavantgarde« musikalischen Experimentierens und Theoretisierens zu den Klang- und Strukturforschern der Moderne. Die wissenschaftliche Musizierpraxis triumphiert, die Musikindustrie profitiert.

Aber es gibt noch eine zweite Leidenschaft, mit der das Publikum die Avantgarde schnöde konterkariert. Es ist die sogenannte U-Musik: die »populäre« Musik. Sie ist inzwischen ein so artenreiches Genre geworden, daß es der gleichen Kenntnisse bedarf, um einen Überblick zu bekommen. Anders als die alte Musik ist die Pop-Musik ihrer Herkunft nach aber zeitgenössisch, also eine Musik der Moderne. Trotzdem scheint sie ähnliche Kriterien ästhetischer Andersartigkeit gegenüber der Avantgarde zu erfüllen wie die historische Musik. Aus der Sicht der Musikindustrie ist »Klassik gegen Pop« eine praktische, gut funktionierende Terrainaufteilung des Marketings nach Zielgruppen und Musikrichtungen.

Das alles freilich würde das Genre Pop wahrscheinlich kaum als ernsthaftes ästhetisches Gegenüber zu Bach, Mozart, Beethoven oder Schubert, zu Schönberg, Webern oder Henze rechtfertigen, wenn nicht ganze Legionen faszinierter Zeitgenossen hier ihr musikalisches Selbst, ihre emotionale Identität fänden. Neben der Alten Musik als ästhetischer Gegenwart haben wir also zweierlei Moderne: die Avantgarde und die Pop-Musik. Letztere eine Massenbewegung, ein musikalischer Mainstream, der Anspruch und Bemühen der Avantgarde, als »Musik unserer Zeit« zu gelten, achselzuckend übergeht.

2. Die andere Kontrapunktik: E- und U-Musik

Eine vergessene Einheit

Die kommerzielle Unterscheidung trennt mehr praktisch als intellektuell vollkommen verschiedene musikalische Welten. Wer würde nicht einen Unterschied empfinden zwischen den akustischen Szenarien von Rock oder Techno und dem Klarinettenquintett von Mozart, zwischen Heino-Liedern und Schuberts »Winterreise«. Die verschiedenen Genres appellieren an unterschiedliche Bereiche unseres Empfindens und Bewußtseins und haben entsprechende andere musikalische Macharten.

Diesen Unterschied gab es nicht immer. Befragen wir die Musikgeschichte, so fällt es schwer, ihn zwischen der berühmtesten Komposition Claudio Monteverdis, dem »Lamento di Arianna«, und einem »Salve Regina« aus seiner Sammlung geistlicher Stücke »Selva morale e spirituale« von 1641 zu finden, wo die Klage der verlassenen Arianna »Lasciatemi morire« zum »Pianto della Madonna« wird. Genauso schwer läßt sich dieser Unterschied zwischen Telemanns »Tafelmusik« und Bachs »Brandenburgischen Konzerten«, zwischen Mozarts kurzweiligem Divertimento in Es-Dur (KV 166), seiner »Haffner«-Serenade (KV 250) und einer unterhaltsamen Gelegenheitskomposition wie der »Kleinen Nachtmusik« (KV 525) ausmachen.

Auch ein höchst geistliches Duett wie beispielsweise »Wann kommst du mein Heil?« in Bachs Kantate Nr. 140 »Wachet auf, ruft uns die Stimme« spielt sich zwar zwischen »Seele« (Sopran) und »Seelenbräutigam« (Baß) ab, wäre aber als ein amouröser Dialog zweier Liebender nicht anders komponiert. Tatsächlich finden sich denn auch zahlreiche Parodien solcher Art bei Bach.

So heißt es etwa in einer Altarie der Kantate Nr. 213 »Laßt uns sorgen, laßt uns wachen«, einer Glückwunschkantate für den sächsischen Kurprinzen Friedrich Christian:

> »Schlafe, mein Liebster, und pflege der Ruh.
> Folge der Lockung entbrannter Gedanken!
> Schmecke die Lust der lüsternen Brust
> Und erkenne keine Schranken!«

Daraus wird in der zweiten Kantate des »Weihnachtsoratoriums« (BWV 248) zur gleichen Musik die Altarie:

> »Schlafe, mein Liebster, genieße der Ruh,
> Wache nach diesem vor aller Gedeihen!
> Labe die Brust, empfinde die Lust,
> Wo wir unser Herz erfreuen!«

Aus dem eindeutigen Duett-Text der gleichen Kantate Nr. 213, Satz 11:

> »Ich bin deine,/Du bist meine,
> Küsse mich!/Ich küsse dich.
> Wie Verlobte sich verbinden,
> Wie die Lust, die sie empfinden,
> Treu und zart und eiferig,
> So bin ich«

wird im »Weihnachtsoratorium«, Kantate Nr. 3, die geistliche Sopranarie:

> »Herr, dein Mitleid, dein Erbarmen
> Tröstet uns und macht uns frei.
> Deine holde Gunst und Liebe,
> Deine wundersamen Triebe
> Machen deine Vatertreu
> Wieder neu«.

Sogar die trivialste Form musikalischen Volksvergnügens, der Gassenhauer, Sammelbecken liederlicher bis derber

Volksweisen, schließt 200 Jahre vor Bach die enge Gesellschaft zeitgenössischer Hochkultur-Musik nicht aus. Der älteste deutsche Liederbuchdruck, die Sammlung »Gassenhawerlin und Reutterliedlin«, 1535 zusammengestellt von Christian Egenolff, enthält auch kunstvoll gesetzte Weisen von Isaac, Senfl und Hofhaimer. Auch die frühesten Zeugnisse von Musik für Tasteninstrumente in Quellen aus dem 14. Jahrhundert enthalten zeitgenössische Tanzmusik, die auf die Orgel übertragen worden war. In die Motetten des Renaissancemeisters Orlando di Lasso werden Texte aus zeitgenössischen Spott- und Trinkliedern einbezogen, Beispiel einer Praxis mit langer Tradition. Sie reicht zurück bis zu den mehrtextigen Motetten seit der *Ars Nova* des 14. Jahrhunderts. Dort tauchen in den Oberstimmen zum *Tenor* Texte mit politischen, satirischen oder erotischen Inhalten auf, teils sogar in verschiedenen Sprachen wie Latein und Französisch.

Auch was heute unter dem Etikett »Tafelmusik« so gerne als musikalisches Leichtgewicht mißverstanden wird, hatte in der Geschichte eine völlig andere Qualität. Das Mahl, besonders das Festmahl, war, wie Bildzeugnisse belegen, schon in der Antike eine große Gelegenheit der Musik. In Renaissance und Barock entwickelte es sich dann, wie die Festmusik, zu einem wichtigen Anlaß für das Komponieren. Die Bankette von Adel und Obrigkeit waren ohne Musik nicht denkbar; die Verträge vieler bedeutender Komponisten enthielten ausdrücklich die Verpflichtung zur »musique de table«. Ihre Besetzung reichte vom Solo mit Orgelpositiv oder Harfe bis zu großen Vokal- und Instrumentalensembles, wie etwa beim Nürnberger Friedensbankett von 1649 mit 51 Musikern. Mit der Aufführung von szenischen Kantaten im 17. und 18. Jahrhundert entstand sogar eine »dramatische Tafelmusik«. Zahlreiche gedruckte Sammlungen wie von Joseph Hermann Schein, Michel-Richard Delalande, Valentin Rathgeber, Johann Christoph Graupner oder Georg Philipp Telemann bezeugen ihre Bedeutung. Noch bei Mozart taucht sie als Zitat der Harmoniemusik im Finale des 2. Aktes von »Don Giovanni« auf und wird in ähnlicher Rolle bei seinen zahlreichen Divertimenti, Kassationen und Serenaden greifbar. Beethoven schreibt sein Bläseroktett 1792 für die Tafelmusik des Kurfürsten von Bonn. Für die Einschätzung dieser Musiken ist maßgeblich, daß sie nicht bloße Hintergrundkulisse für Essen, Trinken, Schmatzen und Lachen der tafelnden Gäste waren, sondern Teil eines geregelten Rituals von Mahl, Gespräch und musikalischer Aufführung. Das entspricht ganz der barocken Auffassung vom Fest, die in den Gesamtinszenierungen von »Raum« (in Gärten, Wagen, auf Schiffen oder in Pavillons) und »Musique« mit dem Instrumentarium der großen Bläserensembles an den Höfen von Florenz, Mantua, Ferrara oder Versailles stilbildend zum Ausdruck kam. Die Feier war nicht nur Hauptanlaß musikalischen Komponierens, sondern vereinte Musik mit Repräsentation und Allegorie mit der Glorifizierung weltlicher und geistlicher Figuren zum Kosmos barocker Ästhetik. Händels »Wasser-« und »Feuerwerksmusik« oder Alessandro Scarlattis »Serenata« zum Geburtstag von Erzherzog Leopold 1716 in Wien zeigen es ebenso wie Bachs Ratswahl- und Rittergutkantaten oder seine Glückwunschkantaten zu Feiern des sächsischen Königshauses. Die ästhetische Einheit findet ihren Ausdruck darin, daß alle Gattungen der Zeit benützt wurden. Telemanns berühmte Sammlung »Musique de Table« von 1733 besteht aus Solosonaten, Concerti, Quartetten, Ouvertüren und Suiten – ein Querschnitt durch die repräsentative europäische Musik der Epoche.

Wie kommt es zu diesem überraschend großen Unterschied zwischen »alter« und heutiger Unterhaltungsmusik?

Es lohnt sich, das an einem bekannten Beispiel zu verfolgen: dem letzten Stück von Bachs »Goldberg-Variationen«, dem »Quodlibet«. Es ist der Schlußstein der 32 Variationen, bei dem sich das höchst exaltierte, virtuose Spektakel der letzten sechs Variationen zu aufgeräumter Fröhlichkeit beruhigt, bevor sich die »Aria«, die einfache, liedhafte Vorlage für das ganze Variationswerk, zum Abschluß wiederholt. Mit dem »Quodlibet« wählt Bach eine beliebte, volkstümliche Form seiner Zeit. Es ist nichts anderes als ein gemeinsamer Rundgesang bekannter Melodien, wie er bei Feiern und Festen üblich war. Das Potpourri aus drei populären Melodien der Zeit, die man nach heutigem Verständnis gut als »Schlager« bezeichnen könnte, wird zusammengehalten von der Baßmelodie der »Aria«, dem konstruktiven Grundgerüst aller Variationen.

Wer diesen Schlußstein des fabelhaft kunstreichen musikalischen Bauwerks als sinnreiches Symbol der organischen Integration von »Oben« und »Unten«, von höchster Kunstmusik und gewöhnlichem Gassenhauer in einem größeren Ganzen begreift, hat seinen Bach genau verstanden. (Das wäre vielleicht eine Analogie zu den profanen, grotesken Wasserspeiern an den Dächern der gotischen Kathedralen, den Imagos der Urwaldbestien an den Bauten der Mayas oder der verwirrenden Ikonologie von Fauna, Flora und Göttern in den Tempelreliefs Indiens: eine Metapher von hintergründiger Symbolkraft für die Einheit des Kosmos im Weltbild der Hochkulturen, die jedes Element, auch das trivialste, in seiner »niedrigen« Eigenart beläßt – und doch immer in einen »höchsten« Zusammenhang sinnvoll einbezieht.)

Doch für unseren Zusammenhang ist die musikalische Seite

entscheidend: Die kompositorische Verbindung der beiden unterschiedlichen Sphären, ihre bruchlose Verschmelzung im musikalischen Satz macht ästhetisch keinerlei Probleme. Das inhaltlich verschiedene Material kann ganz organisch mit der gleichen Satzkonstruktion, dem Idiom des General-baßsatzes, amalgamiert werden. Die Semantik einer ver-bindlichen Musiksprache der Zeit, der *lingua franca* des musikalischen Europa, erlaubt dies ohne Kollision der ver-schiedenen Ebenen.

Gassenhauer oder der zeitgemäße »Schlager« und höchste Kunstmusik konnten vor 250 Jahren ungezwungen mit-einander im ästhetischen Verbund einer gleichen musikali-schen Sprache auftreten. Heute wäre hingegen die Ein-beziehung der Hits aus den aktuellen Charts unserer Pop-musik in eine Komposition von Ligeti, Stockhausen oder Lachenmann nach diesem Vorbild so wenig möglich wie in ein Streichquartett von Hindemith oder eine Sinfonie von Hartmann. Wir haben uns – in einem tiefgreifenden Prozeß der Auseinanderentwicklung verschiedener musikalischer Ausdruckswelten – von der historischen Konstellation der Bach-Zeit sternenweit entfernt.

Die Spaltung oder: Auf dem Weg zur leichten Muse

Dieser Prozeß läßt sich seit Mitte des 18. Jahrhunderts gut verfolgen. Carl Philipp Emanuel Bach spricht in seinem ein-flußreichen Lehrwerk »Versuch über die wahre Art das Klavier zu spielen« vom Aufgeben der »strengen Harmo-nie« zugunsten einer »freyen Schreibart«. Das weist in Richtung jenes »galanten Stils«, der mit seiner melodischen Seufzerästhetik des musikalischen Rokoko die Abdankung von Kontrapunkt und Generalbaß endgültig besiegelte.

Eine Reaktion gegen die strengen Regeln einer komplexen Musik, die dem Lebensgefühl der Zeit nicht mehr entsprach. Träger der »freyen Schreibart« wird besonders die Melodie. Sie wird nach ihrer Loslösung aus dem festen Satzverbund der Polyphonie als eigene, quasi freie Schicht zum Hauptakteur und Medium von Sentiment und Emotion. Mit ihr identifiziert man sich, sie ist die »Musik«. Das gilt im Lied und später im Walzer, in der Operette und der Salon- und Kaffeehausmusik und ist – auch – Teil eines gravierenden *gesellschaftlichen* Wandels.

Bach musiziert in einer seiner Nebenbeschäftigungen als Leiter eines studentischen »Collegium Musicum« regelmäßig im »Zimmermannschen Coffé-Haus« in Leipzig. Er spielt dort »zur Unterhaltung« Bearbeitungen eigener und fremder Instrumentalconcerti. Die gleichen Gattungen erklingen auch in den Konkurrenzunternehmen seiner Kantorenkollegen Görner und Gerlach, die im »Großen Schellhaferischen Saal« und in »Enoch Richters Coffé-Haus am Markt« musizierten. Schubert sitzt, weil er nicht tanzt, während der aufgeräumten »Schubertiaden« seines Freundeskreises selbst am Klavier und improvisiert stundenlang Walzer, arbeitet sie nachträglich aus und schreibt sie auf: die Geburt klavieristischer »Unterhaltungsmusik« aus dem Geiste kongenialen Feierns. Aber schon bald stammen die Walzer von Joseph Lanner oder Johann Strauß Vater und Sohn aus der ästhetisch weiter entfernten Wirtshaus- und Tanzmusiksphäre. Dort feiert man weniger kongenial und amüsiert sich dafür mehr kommerziell. Der Walzer wird als Nachfolger des höfischen Menuetts zwar nobilitiert, bedient aber eine ganz andere soziologische Funktion. Wie die Hybridgattung der Operette, die vor allem bei Offenbach in Paris aus der Salonmusik aufsteigt und die komische Oper ablöst, wird er eine entscheidende Vorstufe des modernen »U-Genres«: als »leichte« Musik, die sich mehr und mehr von der »ernsten« absetzt. Die musikalische Karriere des Wiener Walzers vom lokalen Genrestück zu einer Zierde der Musikgeschichte ist durch Stücke höchster musikalischer Qualität längst abgesegnet. Aber sein Prinzip beruht doch auf einer ganz anderen Satzstruktur. Die kunstvoll gefügte, aber höchst bewegliche und individuelle Tektonik der Wiener Klassik vereinfacht sich und erstarrt zur schematischen Abfolge rigider Taktarten und Harmonien. Ein mechanischer Ablauf ersetzt den organischen, das Schema beerbt die atmende Lebendigkeit – und der Ruhm der Wiener Philharmoniker besteht nicht zuletzt darin, etwas davon durch die legendäre, instinktsichere Sensibilität ihrer Nuancierung zu retten. Die selbständige Schicht der Melodie wird zum Ausdruck des Sentiments, dem man sich gefühlsselig hingibt. Aber sie erhält, entsprechend ihrer Herkunft, einen anderen Affektwert. Das »Volkstümliche« ersetzt den hochgestimmten, aristokratisch fühlenden Affekt Beethovens, die naive, aber echte apollinische Heiterkeit Mozarts oder die spirituelle »Gemüthsergötzung« Bachs und definiert eine andere Qualität von Gefühl.

Aus Schuberts Melodien wird die Schubert-Operette »Das Dreimäderlhaus« von Heinrich Berté (1916), ein Hit der Zeit. Der tiefe, ungebrochene Moll-Affekt der Marzelline-Arie in Beethovens »Fidelio«: »O wär' ich schon mit dir vereint« (1. Akt) verwandelt sich zum ironisierend-gebrochenen »Folklore-Moll« im »Czardasz« der »Fledermaus« von Johann Strauß.

Die neue Macht des Melos ist, genau wie die Geschichtstrunkenheit des Jahrhunderts, ein Erbe der Romantik und eine Folge schwärmerischer Melodiebegeisterung, der Liederseligkeit Schuberts und Schumanns. Die Melodie wird – in der Kunstform des »Deutschen Liedes« – zum Medium einer einzigartigen Ausdruckswelt, aber auch der Hebel, mit dem sich der feste Satz der Klassik in die zwei ungleichen Schichten von Oberstimme plus Begleitung spaltet: Zeichen einer Labilisierung der Bindekräfte des Satzes. Sie ist das Mittel einer intimen, verinnerlichten Sprache, die Wortdichtung und Klangbedeutung kongenial verbindet und zu einer neuen, zauberischen Musik-Poesie ohnegleichen steigert – aber auch das Einfallstor für die ganze Skala der »volkstümlichen«, sentimentalen oder trivialen Affekte. Eine wichtige Rolle in der Formulierung des neuen Melos spielt dabei das »Stimmungsmäßige«, das Dichterische: eben das »Poetische«, und die um sich greifende Literarisierung der Musik.

Robert Schumann ist als Musikschriftsteller von Format und als Kritiker und Herausgeber der *Neuen Zeitschrift für Musik* das beste Beispiel für die neue Haltung. Freimütig bekennt er: »Ich habe von Jean Paul mehr Kontrapunkt gelernt als von meinem Musiklehrer.« Auch Richard Wagner dichtet nicht nur die Texte seiner Werke selbst (bezeichnenderweise in der sehr musikalischen Form des Stabreims), sondern ist Schriftsteller und polemischer, philosophischer, geschwätziger Essayist von tausenderlei Themen. Man empfängt Inspiration im Lesen und sucht Legitimation im Schreiben – ein durchaus neuer Typ des Komponisten.

Damit tritt im Komponieren das Handwerkliche zurück zugunsten einer reflektierenden Haltung, einer literarischen Anregung, einer Idee von außen, der man musikalischen Ausdruck schaffen will. Gleichzeitig verfällt das Konzept einer großen gebauten Form und weicht dem Zauber des »musikalischen Augenblicks«. Auch das eine Parallele zur zeitgenössischen Literatur mit ihrem Hang zum Fragment, wie bei Friedrich Schlegel oder Novalis.

Aus den nüchternen, handwerklichen Gattungsbezeichnun-

gen der alten Musik – Phantasie, Toccata, »Fuga à quattro
voce«, Menuett, Concerto, Sinfonia, Aria – werden die am-
bitionierten Gefäße erlesener Anspielungen, Genrebilder
sublimer Stimmungsbeschwörung und feiner atmosphäri-
scher Arkana (»Träumerei«, »Am Kamin«, »Der Dichter
spricht«, »Von fremden Ländern und Menschen«, »Kuriose
Geschichte«; Robert Schumann, »Kinderszenen«, op. 15),
der psychologisierende Gestaltenreigen des »Carnaval«
(op. 9), die »Charakterstücke« der »Davidsbündler«
(op. 6), die pittoresken Skizzen von »Waldszenen« (op. 82),
»Bunte Blätter« (op. 99), »Nachtstücke« (op. 23) oder der
»Faschingsschwank aus Wien» (op. 26). Aus dem *Baumei-*
ster eines musikalischen Satzes wird der *Tondichter.*
Die poetische Bilderbeschwörung ist subjektiv und empfind-
sam, sie rechnet auf assoziative Potentiale und Brücken. Bei
Liszt, dem Stimmungsprediger am Klavier, der mit seinem
Charisma Aristokratie, Salon-Causeure und Kenner hin-
reißt, gesellt sich zum literarisch inspirierten Programm
noch die Inszenierung des Virtuosentums. Klavierheroe,
mondäner *homme à femmes* und schließlich noch Abbé –
ein beispielhafter Phänotyp der romantischen Kunstreligion. Liszt läßt denn auch keine Gelegenheit aus, eigene oder
fremde Klänge neu zu illuminieren, »Klang in Geste zu
transformieren« (Charles Rosen). So wird das Paraphrasie-
ren zum neuen Kennzeichen des Künstlerischen: In der
»Musik über Musik« verbindet sich nachschöpferisches In-
terpretentum mit der subjektiven Nachempfindung anderer
Seelen- und Stilwelten. Der musikalische Satz löst sich in
Episoden, Illustrationen und Tonmalereien auf, mehr durch
die Aura des brillanten Selbstdarstellers zusammengehalten
als durch Substanz und Konstruktion.
Das Zeitalter der großen Klaviertitanen bricht an, von
Eugèn d'Albert, Carl Tausig, Sigismund Thalberg, Anton

Rubinstein bis Theodor Leschetitzky, Wladimir Pachmann oder Ignacy Paderewsky. Ein neuer musikalischer »Priesterstand« entsteht. Sein parfümiertes Weihwasser verzückt die Damen der höheren Stände und adelt noch die fernsten Enkelschüler mit der mondänen Fama ihrer pianistischen Abkunft.

So heiligt die Aura des Virtuosen viele Trivialitäten des Salons durch den hohepriesterlichen Geniekult: klavieristische Klingeleien, die oft ein musikalisches Nichts durch abenteuerliche spieltechnische Schwierigkeiten rechtfertigen, und Produkte einer ästhetischen Halbwelt aus Kitsch und Gartenlaube. »Das Gebet einer Jungfrau« (Thécla von Badarzewska-Baranowska) wetteifert mit dem Ländlerpaar »Grossmütterchen und Grossväterchen« (Gustav Langer), den »Klosterglocken«, dem »Ersten Herzklopfen« und den »Träumen auf dem Ocean«. All der gefühlige akustische Konfekt erhält musikalisches Bleiberecht, von den einen als schmeichelnde Seelenspeise geliebt, von den anderen als unerträglicher Mozartkugel-Kitsch verabscheut.

So wie Schubert im »Dreimäderlhaus« von Berté eine zeitgemäße Reduktionsform effektsicherer Banalität erlangt, wie die Kraft barocker Rhetorik zum belanglosen Konversationston des Salons verflacht und wie man tiefen Moll-Affekt zum Zigeunerflair »à la hungaroise« verdünnt, so findet sich auch für den alten Thomaskantor ein neues, idyllisches Image. Bachs C-Dur-Präludium aus dem 1. Teil des »Wohltemperierten Klaviers« wird als »Ave Maria« zum Ohrwurm des sentimentalen Bürgertums und zur Weihehymne unzähliger Brautpaare bis heute. Das Arrangement von Charles Gounod, zuerst als »Méditation sur le Ier Prélude de Piano de S. Bach ...« 1859 für Klavier, Solovioline und Orgel ad libitum erschienen, ist so erfolgreich, daß allein der Schott-Verlag seit 1860 über 60 verschiedene

Arrangements herausbringt. Als *Bach light* zeugt es die Bastardgattung der »Méditations«, die bis zum Ende des Ersten Weltkriegs mit Hunderten von Bearbeitungen blühte. Als trivialer Reflex auf den Bach-Kult der Hochkultur wird sie zum Paradebeispiel für seichtes Sentiment und populäre Wirkung. Wie nichts anderes veranschaulicht sie den Affektwandel von der alten Religion zum vordergründigen »religioso«.

In das schillernde Ambiente paßt ein neuer Typ des Musiklebens, der erstmals mit dem Walzerkönig Strauß auftritt: der »Arrangeur«. Während früher die Komponisten eigene Musik den jeweiligen Umständen und Bedürfnissen anderer Aufführungssituationen anpaßten, sei es als gezielte Bearbeitung oder als Umwidmung im komplexen Parodieverfahren Bachs, wird jetzt vorwiegend fremde Musik »arrangiert«. In einem standardisierten Vorgehen wird sie publikumsgerecht einer neuen semantischen Ebene angepaßt. Das alte Verfahren war natürliche Folge eines Werkbegriffs, dessen Konzept verschiedene situationsbedingte Aufführungsmodi erlaubte. Ermöglicht wurde es durch die Einheit der musikalischen »Sprache« einer Zeit, in der die gleiche Satzkonstruktion der göttlichen oder menschlichen Liebe, dem Fürsten oder Gott diente. Das neue Verfahren dagegen erweist sich als eine Art ästhetischer »Transformator«: Es reduziert die Spannung einer anspruchsvollen Affekt- und Satzstruktur für einen anderen, weniger anspruchsvollen Publikumsgeschmack. Damit setzt es sich von der Ästhetik des autonomen Kunstwerks im Geniekult ab, um ein neues Gefüge des Musiklebens zu bedienen. Die alte Aura aber nimmt es mit, verdünnt auf die erhabene Pose. Sie trägt vom Pathos Beethovens zum sentimentalen »Gebet einer Jungfrau«, vom sinfonischen Weihetempel zum häuslichen Klavier des aufstrebenden Bildungsbürgertums. Die Technik des »Arrangierens« als zweckmäßige Zurichtung einer Komposition hin auf die wirksamsten Effekte hat eine große Zukunft. Sie ist nicht nur Vehikel der Popularisierung, sondern Keim einer Entwicklung, die erst im Zeitalter der elektronischen Musikakustik, besonders aber im exhibitionistischen Klangkult der Bands ihre wahre Vollendung finden wird.

In diesem Milieu entsteht in den achtziger und neunziger Jahren des letzten Jahrhunderts so folgerichtig wie natürlich das Phänomen des »Schlagers«. Zunächst fungiert er in Wien als treffende (»schlagende«) Bezeichnung für die populären Melodien aus Operette und Tanzmusik: Couplets, Lieder, Chansons, textierte Märsche. Dann konstituiert er sich schnell als eigenständiges Musikstück: die erste autonome Standardform der »U-Musik«.

Er verdrängt und ersetzt das Volkslied, das nach seiner Apotheose als Kunstlied der Romantik Teil der repräsentativen Hochkultur geworden war.

Die rasende Ausbreitung des Schlagers ist allerdings weniger ein Kapitel der Musikgeschichte, sondern eher eines der Soziologie. Die Demokratisierung des Geschmacks und der Lebensformen ging Hand in Hand mit einem immensen Bevölkerungszuwachs und einem aufblühenden Massenkonsum. Das deutsche Reichsgebiet in den Grenzen von 1914, in dem um 1800 etwa 24,5 Millionen Menschen lebten, wurde 1850 von 34,4 Millionen und 1900 bereits von 56,4 Millionen Menschen bewohnt. Der Bevölkerungsschwerpunkt verlagerte sich vom Land in die Stadt. Berlin hatte im Jahr 1850 419 000 Einwohner, 1900 aber schon 1 889 000; im gleichen Zeitraum stieg die Einwohnerzahl in Hamburg von 132 000 auf 706 000 Einwohner, in Frankfurt am Main von 65 000 auf 289 000 und in München von 110 000 auf 500 000. Die rasante Steigerung des Bedarfs, neue Wirtschafts- und Produktionsformen brachten auch den »Kulturgütern« Massenkonsum und Kommerzialisierung. Die Emanzipation des Bürgertums und der sozialen Unterschichten veränderte die musikalischen Erwartungen und Maßstäbe: Mehr als je zuvor wurde Musik als Unterhaltung, Zerstreuung und Stimmungskulisse zu einem akustischen Requisit des Alltags. Die Praterbuden in Wien, die Heurigenfeste oder Tanzhallen mit der »Ersten Wiener Damen-Orchesterkapelle« waren Massenvergnügungsstätten, die den Rahmen von Operette, Singspielposse, Volksschauspiel oder Schrammelmusik nach »unten« erweiterten. In Berlin wurden die »Gartenkonzerte« oder die Militärkonzerte des 1849 gegründeten Orchestervereins »Euterpe« mit bis zu »vier Regiments-Musiken bestehend aus 146 Mann« zu neuen Schauplätzen musikalischer Volkskultur.

Gleichzeitig entsteht die riesige, imaginäre Bühne einer »musikalischen Öffentlichkeit«. Auch sie trägt dazu bei, daß aus Kunst und Kultur ein Wirtschaftsfaktor wird. Die Steigerung der Literaturproduktion spiegelt sich in den Neuerscheinungen: Im Jahr 1850 erscheinen 9053 Bücher, 1900 bereits 24792 Bücher. Genauso blüht das musikalische Verlagswesen auf. Die große Produktion von Musikalien und Noten aller Art wird durch den neuen Bedarf an Bearbeitungen mit den verschiedenen Verdünnungsformen großer Musik noch gesteigert. Das häusliche Klavier, gewissermaßen das Leitfossil bürgerlicher Kultur eines ganzen Jahrhunderts, fordert Klavierauszüge, vierhändige Bearbeitungen von Wagner oder Rossini, Etüdensammlungen für die höhere Tochter, Gesangsstücke für die musische Gattin. Musik wird dem Publikum über Agenturen und Konzertgesellschaften »verkauft«, Musiker über Konzertagenten »vermittelt«.

Die Veräußerlichung, die mit den Showstrategien des Virtuosentums verbunden war, wird bestens ergänzt durch die neue Zweckbestimmung der Musik. Immer nachhaltiger wird sie mit allen erdenklichen Szenarien verbunden, ohne dort – wie früher in der Geschichte – einen eigenen ästhetischen Rang einzunehmen: mit Essen und Trinken in Gast- und Caféhäusern, Restaurants und Biergärten, mit Bällen, Redouten und Platzkonzerten, humoristischen Varietés und Kabaretts. Instrumentalvirtuosen begleiten ihre Vorführungen mit bengalischer Beleuchtung, Feuerwerken, lebenden Bildern und Luftballonaufstiegen. Im beliebten Genre der Stimmungsmusik sangen Sängergesellschaften Wiener, Berliner und Münchner Fiakerlieder, produzierten sich Schrammelkapellen und Volkssänger.

Dies ist, gegenüber der Klassik, ein Verlust an Autonomie. Trotz ihrer Geltung in den Ästhetiken von Herder oder Schopenhauer verliert die Musik an Eigenwert für die Kultur. Im Bildungs- und Kulturkanon der antiken Welt hatte sie bis ins Mittelalter als wichtige »Disziplin« des *Quadriviums* von Geometrie, Arithmetik, Astronomie und Musik einen festen Ort im System der »Septem Artes Liberales«. Im 18. Jahrhundert wird sie den sprachlichen *artes* zugeschlagen. Der Wechsel von der Mathematik zur Sprachkunst ist kein Zufall, denn er entspricht dem Bewußtseinswandel in der »Sattelzeit« um 1775. Es ist der Wandel von der »proportionalen« Ordnung des Kontrapunktes zum »sprechenden« Satz des subjektiven »Ich« in der Wiener Klassik. Danach wird die Musik als Bestandteil der »Schönen Künste« (Beaux arts) zur »Tonkunst«. Sie entwickelt im Zeichen des großen Publikumsgeschmacks schnell Züge einer neuen Massenkunst. Damit erweitert sich das Spektrum des Musiklebens um eine neue, schlichtere »Unterschicht«, die sich mehr und mehr von der anspruchsvolleren »Oberschicht« entfernt. Die Polarisierung in Hochkultur und Subkultur zeichnet sich ab.

Der soziologischen Seite dieser Aufspaltung entspricht eine ästhetische. Schlager und neue U-Musik bedienen eine neue Psychologie und verlangen eine andere Machart. Die Fremdbestimmung der Musik, angebahnt in der Literarisierung, bringt sie gewissermaßen in eine Abhängigkeit von der emotionalen, seelischen und geistigen Befindlichkeit ihrer Umgebung. Setzt man sich einer Matthäus-Passion, Mozarts »Don Giovanni« oder einer Beethoven-Sinfonie aus, so entsteht letztlich immer, sei es bewußt oder unbewußt, begriffen oder unverstanden, zustimmend erlebt oder kontrovers abgelehnt, ein fester Komplex von Eindrücken und Empfindungen, der aktiv als Wirkungsgröße auf das Bewußtsein wirkt. Sie klingt nach, verlangt Aneignungsmühe, beschäftigt Ratio und Gemüt, setzt Prozesse in Gang. Sie zeigt, daß vom »Werk« etwas in Bewegung gesetzt wurde, das nicht von uns, sondern von ihm stammt: Beleg für eine aktive, autonome Ausstrahlung des Werks, die auf zentrale Bereiche unserer Person zielt. Setzen wir uns hingegen dem Schlager und seinen Abkömmlingen aus, so vermag er zwar – wesentlicher Teil seiner Natur – zu »zünden«, mitzureißen, zu animieren, bleibt aber an der Oberfläche unserer Person. Da er weder Aneignungsaufwand noch Auseinandersetzung verlangt, wird er als bloße Projektionsfläche unserer Stimmungen und Befindlichkeiten zum Resonanz- und Verstärkungsmedium eines oberflächlichen Seelenambientes – jedes Marketing heutiger U-Musik bedient diesen Mechanismus routiniert.

Die Wirkung hängt eng mit dem Bau des musikalischen Satzes zusammen. Seine »Festigkeit« erweist sich als geglückte Bindung der Grundkräfte von Melos, Harmonie und Rhythmus zu einer stabilen Konstruktion. Ihr Strukturwert, ihre Informationsdichte können dem Subjekt Festigkeit und Substanz entgegensetzen – oder aber Nachgiebigkeit und Ambivalenz. Ersteres tendiert eher zu »objektiver« Eigenwirkung, letzteres zur projektiven Subjektivität. Der dichte, kontrapunktisch gefügte Satz der Bach-Zeit mit klarer Gliederung der harmonischen Stufen und Prozesse und einer zielsicheren Gestaltung von Rhythmus und Zeit im »kontinuierlichen« Generalbaßsatz ermöglicht viele Aspekte von »objektiver« Festigkeit. Auch die Wiener Klassik erreicht ihren hohen Strukturwert durch klare Gliederung, harmonische Eindeutigkeit und kompaktes Satzgefüge. Verlauf und Gestaltung des Melos in den langsamen Sätzen zielen stärker auf Ethos als auf Sentiment, mehr auf menschliche Grundaffekte als auf individualistische Varianten. Hinzu kommen die dialektischen Prozesse in der Verarbeitung der Themen und eine andere, subjektivere, impulsgesteuerte Zeitgestaltung im »diskontinuierlichen« Satz. Sie ermöglichen dem menschlichen »Ich« als musikalisches Subjekt größeren Freiraum und eine persönliche Identifikation als Vorstufe von Projektionen und »Aufladung«. In der Romantik lockert sich die Festigkeit des Satzes durch Abspaltung seiner Teilkräfte Melodie und Harmonik weiter auf; später wird auch die dritte Kraft, der Rhythmus, als eigene Schicht im *Beat* der soundbetonten Pop-Moderne ein vitales Eigenleben erlangen. Der Strukturwert tritt zugunsten des Stimmungswertes zurück.

Die »unendliche Melodie« Wagners wird zum Gleichnis des neuen Kräfteverhältnisses. Eine reflektierende Haltung bricht einerseits einheitliche Affekte und erzeugt andererseits ästhetische Subjektivität. So erweist sich das Eindringen des Nur-Stimmungsmäßigen, des durch Poesie und Literatur angeregten Assoziativen, die Inszenierung von außermusikalischen »Programmen« als Ausgangspunkt zur Aufspaltung des musikalischen Satzes und zur Bildung einer neuen musikalischen Schicht. Ihre Trivialisierung und Besetzung mit einem Verständnis von »volkstümlich« als banal und von »verständlich« als populär, ihre Ausbeutung und Kommerzialisierung im Zeitalter des Massenkonsums machen sie zum Träger der neuen U-Musik. Der erfolgreiche Schlagerkomponist Michael Jary meint bündig: »Ich schreibe keine Schlager, ich schreibe ›Nummern‹. Ob Schlager daraus werden, entscheidet einzig und allein das Publikum.«

Psychologisch treibt die Entwicklung in jene ästhetische »Entfremdung«, die Adorno als Diagnostiker der modernen Kulturindustrie so scharfsinnig beschreibt. Soziologisch werden aus den verschiedenen *Funktionen* der alten, ziemlich einheitlichen Musiksprache immer mehr die »*Zielgruppen*« jeweils verschiedener Musikgenres. Historisch vollzieht sich eine ähnliche Reaktion gegen die strengeren Regularien der »Klassik« wie vorher im »musikalischen Rokoko« des Sturm und Drangs und der Empfindsamkeit gegen die feste Welt des Kontrapunkts. Damit entsteht die Topographie von »oben« und »unten« – jener »Hochkultur«, auf der so viele in normativer Sehnsucht beharren, und einer »Subkultur«, zu der es nicht wenige lustvoll zieht.

Bachs »Quodlibet« aus den »Goldberg-Variationen« verwandelt sich vom volkstümlichen Abgesang unterhaltender »Gemüthsergötzung« über Walzer- und Schrammelseligkeit zu »Herz-Schmerz«, zu Heino-Balladen und Peter-Maffay-Sentiment. Die »leichte Muse« wird zur seichten Muse.

3. Die Ars Nova der Medien-Moderne

Der Aufstieg der Studio-Ästhetik

Der Schlager, zeitgemäßer: der Hit, ist das Wahrzeichen der musikalischen Massenkultur. Wirklich eingelöst wird dieser Anspruch aber erst mit Schallplatte, Rundfunk, Tonfilm und Fernsehen. Erst sie erreichen jene »Millionen«, die Beethovens Neunte Sinfonie beschwört, die jeder Musiker erträumt und alle Medienmanager brauchen.

Am Anfang dieser Entwicklung stand die Erfindung von Thomas Alva Edison und Emil Berliner. Ihre Versuche der Schallaufzeichnung waren zunächst, wie der frühe Film, mehr technische Kuriosität als Gegenmacht zur lebendigen Magie von Podium und Konzert. Die ersten Amberol-Walzen und Zylinder reproduzierten krächzende Redefetzen von Kaiser Franz Joseph oder dreiminütige Schlager. Aber schon bald folgten Arien der Gesangsgrößen, die Stars der alten New Yorker Met von Caruso bis Emmy Destinn. Im Jahre 1906 betrug der deutsche Plattenumsatz schon 1,5 Millionen Stück. 1913 gab es bereits die erste komplette Aufnahme der Fünften Sinfonie von Beethoven auf acht Schellackplatten, 1927 eine Gesamtaufnahme aller Beethoven-Sinfonien. Das Grammophon begann das Klavier der großbürgerlichen Salons herauszufordern. Thomas Mann beschreibt es uns ironisch als »Fülle des Wohllauts« im »Zauberberg« und begeistert in den Tagebucheintragungen über die Stunden mit seinen geliebten Wagner- und Beethovenplatten.

Obwohl die Schellackplatte mit ihrer beschränkten Spieldauer eine arge künstlerische Zwangsjacke war, wurde sie schnell ein wichtiger Bestandteil der Musikkultur. Paul

Hindemith, Ernst Toch oder Igor Strawinsky komponierten bereits bewußt für sie. Strawinsky machte aus dem technischen Zwang eine ästhetische Tugend und schrieb bereits nach Maß für das knappe Zeitbudget der schwarzen Scheibe. Das zeigt seine 1925 komponierte »Sérénade en la en quatre mouvements pour piano« oder die Kürzung seiner »Pétrouchka-Suite« für die 1928 erfolgte Plattenaufnahme. Die Mitwirkung bedeutender Dirigenten, Virtuosen und Primadonnen machte den Tonträger künstlerisch hoffähig. Historische Anthologien wie Columbias »History of Music by Ear and Eye« (1930-1933), Parlophones »Two Thousand Years of Music« (1933) oder die französische »Anthologie sonore« (1934) legitimierten ihn als Medium musikgeschichtlicher Erfahrung und begründeten gleichzeitig eine Tradition der klingenden Beispielsammlung. Sie wurde zur akustischen Ergänzung der zahlreichen gedruckten Editionen alter Musik im blühenden Historismus und wirkte weiter in Konzepten wie der »Archiv«-Reihe der Deutschen Grammophon Gesellschaft, die 1947 als »Musikhistorisches Studio« des Labels begründet wurde, oder der Edition »The History of Music in Sound« von His Master's Voice (1952). Zeitschriften wie »The Grammophone« (London 1923) mit regelmäßigen Plattenrezensionen bekundeten das Publikumsinteresse am neuen Medium.

Hand in Hand damit stieg ein anderes Medium auf, das immer mehr Bedeutung erlangte: der Rundfunk. Auch hier stand die Musik Pate bei der Geburt. Konzertübertragungen gehörten schon am Anfang zum Programm. Bereits 1921 überträgt der Sender Königs-Wusterhausen bei Berlin Puccinis »Madame Butterfly« über eine Telephonleitung aus der Berliner Staatsoper. 1926 sendet die englische BBC Musik vom Haslemere Festival, das Arnold Dolmetsch, ein Pionier der Early-Music-Bewegung, veranstaltet. Seit 1931 überträgt Radio Leipzig regelmäßig die sonntägliche Bach-Kantate aus der Thomaskirche unter Leitung von Karl Straube. Neue musikalische Gattungen wie Funkoper und Funkoratorium entstehen analog zum Hörspiel.

»Lindberghflug«, ein Funkdrama von Bert Brecht (1950 in den Titel »Der Ozeanflug« geändert), vertont von Kurt Weill und Paul Hindemith, hat 1929 die sensationelle Erstüberquerung des Atlantiks mit dem Flugzeug durch Charles A. Lindbergh im Jahre 1927 zum Thema. Von Werner Egk stammt die Funkoper »Columbus« (1933) für den Sender München, von Mark Lothar »Das kalte Herz« (1935) für den Deutschlandsender, von Heinrich Sutermeister »Die schwarze Spinne« (1936) für Radio Beromünster.

Bezeichnend für die Eigenständigkeit der Funkformen ist, daß die Stücke oft erst nachträglich zur szenischen Aufführung umgearbeitet werden: so etwa Egks »Columbus« oder Sutermeisters »Die schwarze Spinne«. Hier war ein musikalisches Genre entstanden, das sich das elektronische Medium geschaffen hatte.

Kurt Weills Funkkantate »Ballad of the Magna Charta« vereint 1939 Filmmusik und politische Agitation zum Radio-Lehrstück Brechtscher Fasson. Die neue Auffassung von Musik im Medium formuliert Kurt Weill 1929: »Der Rundfunk stellt den ernsten Musiker unserer Zeit zum ersten Male vor die Aufgabe, Werke zu schaffen, die ein möglichst großer Kreis von Hörern aufnehmen kann. Inhalt und Form dieser Rundfunkkompositionen müssen also imstande sein, eine große Menge von Menschen aller Kreise zu interessieren, und auch die musikalischen Ausdrucksmittel dürfen dem primitiven Hörer keine Schwierigkeiten bereiten.«

Das formuliert die Ästhetik des Massengeschmacks unter dem Mantel der Pädagogik. Heutige Medienredaktionen

wollen »ein breites Publikum ohne Abitur ansprechen«,
denn »Bildungsfernsehen kann ein privater Fernsehsender
nicht machen« (RTL-Redakteur André Zalbertus, 1996).
Glücklicherweise ergibt die Zuschaueranalyse, daß sein
Hauptpublikum unter dreißig ist, »nur eine Minderheit davon zur Bildungselite zählt« und damit eine bevorzugte
Zielgruppe für effektive Werbung abgibt. Hier wird die Ästhetik des Massengeschmacks unter dem Aspekt des Kommerzes formuliert.

Ein neues Kapitel beginnt mit dem Übergang zur Langspiel-
platte in den Jahren 1951 bis 1958. Als »LP« aus Vinyl-
Kunststoff bestimmt sie mit wesentlich verbesserten Klang-
qualitäten und längerer Spieldauer eine ganze Epoche der
Schallplattengeschichte. Erlaubten die ersten akustischen
Aufnahmeverfahren nur die Wiedergabe eines Frequenzbe-
reiches von etwa 164 bis 2088 Hertz, so erweiterten die
elektroakustischen Verfahren seit Mitte der zwanziger Jahre die Möglichkeiten stetig.

Mit der Einführung der Stereophonie für Platte und UKW-
Rundfunk im Jahre 1958 und der Durchsetzung verbind-
licher Normen für die Wiedergabequalität (High Fidelity)
wird die technische Evolution des Mediums zu einer ästhetischen Konkurrenz des Konzertsaals.

Die Aufnahmetechnik der »Sonic stage«, jener imaginären
Klangbühne, durch die der legendäre Plattenproduzent der
EMI, Walter Legge, Richard Wagners »Ring des Nibelun-
gen« unter Georg Solti (1958-1965) stereophon dramati-
sierte, Karajans besessener Klangfanatismus oder Glenn
Goulds monomane Studiofixierung lenken den Blick auf
das neue, rapide aufsteigende Zentralgestirn der Zeit: das
Aufnahmestudio. Seine Technologie mit einer Vielzahl von
Mikrophonen, Tonspuren, Verstärkern, den raffinierten
Möglichkeiten des Mischpults, den fast unbegrenzten Wie-

derholungs-, Schneide- und Verbesserungstricks der Tonbandtechnik, dem ganzen komplizierten Prozeß des sogenannten *Mastering*, erschafft ein neues musikalisches Konzept: das der *Studio-Ästhetik*.

Entscheidend ist dabei die klangliche Seite der Musik. Als folgerichtige Fortsetzung des historischen Prozesses wirkt, daß die Emanzipation des Klanges im Orchestersatz der Spätromantik jetzt ihre Entsprechung im technischen Medium findet. Es handelt sich gewissermaßen um die Weiterführung der Instrumentations- und Bearbeitungspraxis des 19. Jahrhunderts mit den elektronischen Mitteln des zwanzigsten. Die historische Akzentverschiebung vom *Logos* der Satzkonstruktion zum *Modus* seiner klanglichen Ausführung geht weiter bis zur Klangmanie des HiFi-Zeitalters samt seiner extremen Zuspitzung in den *Sound*-Orgien der modernen U-Musik.

Zusammenhänge zwischen dem spätromantischen Orchesterrausch, der Bearbeitungspraxis für großes Orchester und der beginnenden musikakustischen Technologie werden bereits in den vierziger Jahren sichtbar. Leopold Stokowski ist als Erbe des 19. Jahrhunderts begeisterter Bearbeiter von Mussorgsky, Strawinsky und vor allem von Bach für das große sinfonische Orchester. Als Mann des zwanzigsten Jahrhunderts versucht er in seinem Musikfilm »Fantasia« (1940) mit Mehrkanaltechnik, acht Spuren und 30 Mikrophonen, Raumwirkung und Klangbild ins technische Medium umzusetzen. Auch Karajan macht im Jahr 1944 mit der Berliner Staatskapelle und Bruckners Finale der Achten Sinfonie schon erste Stereo-Versuchsaufnahmen.

Diese Entwicklung führt bei den großen Plattenproduzenten bald zu einer eigenen Produktionsästhetik. Neben Walter Legge sind hier vor allem Fred Gaisberg von Gramophone und John Culshaw von Decca beteiligt. Nach Legges »Ring«-Produktion werden Karajans Aufnahmen des »Rosenkavalier« von Richard Strauss (1956), Verdis »Aida« (1959) und Culshaws Produktion der »Elektra« (1967) Dokumente der neuen Stufe.

Die neue Produktionsphilosophie besteht im wesentlichen darin, Musik, Orchester und Solisten als Rohbasis für die elektronische Zubereitung im Abmischungs- oder Masteringprozeß des Studios zu nehmen. Ziel ist neben der Perfektion vor allem die Maximierung der Klangmöglichkeiten, von der Aufblähung zum akustischen Breitwand-Espressivo bis zu den Piano-forte-Extremen.

Mit der akustischen Klangtechnologie betritt aber ein neuer Mitspieler die sensible Szene: der Toningenieur. War er als elektronischer Handwerker am Anfang nur Anwalt der Partitur, so avanciert er nach und nach zum Schiedsrichter über das vereinte Bemühen von Dirigent und Musikern. Von da ist es nur ein kleiner Schritt zur maßgeblichen Mitinszenierung des Produkts im Studio. Aber diese »Klangregie« trägt, ähnlich wie die Theaterregie unserer Tage, den Keim zur eigenwilligen Evolution in sich. Denn sie steht nicht mehr allein im Dienste der Musik, sondern auch im Solde einer eigenständigen Technologie. Der alte »Kunstdreiklang von Komponist, Interpret und Hörer«, wie ihn Hans Pfitzner beschreibt, erweitert sich um einen entscheidenden Akteur. Wer die Diskussionen um die berufsspezifischen Leistungsschutzrechte der Tonmeister kennt, weiß, wie die realen Machtverhältnisse im Studio aussehen. Dort verblassen die strahlenden Hauptdarsteller des Konzertsaals schnell zu müden Komparsen der Studioregie: in der Diskussion um die Wiederholung einzelner Stellen, um Tempi und Dynamik, die Auswahl der *Takes*, die Bestimmung der Schnittstellen. Der elektronische Treuhänder verwandelt sich, kaum merklich, zum ästhetischen Täter. Und mit ihm das musikalische »Dokument« zum autonomen Produkt.

Mit der Übersetzung des musikalischen Kunstwerks in die Studiowelt entsteht eine neue Wirklichkeit. Sie bildet nicht einfach die Vorlage des »Originals« im Maßstab 1:1 ab, sondern folgt eigenen Strategien, die sich hinter der arglosen Idee der getreuen »Abbildung« bestens tarnen. Ihre Eigenständigkeit erkennt man überall.

Da ist zuerst die stilbildende Rolle der Studio-Ästhetik, die nachhaltig auf Hörerwartungen und Aufführungspraxis zurückwirkt. Sie beginnt mit den Perfektionsnormen, die jede Studioaufnahme unvermeidlich für Interpreten und Publikum setzt. Das ist nichts anderes als ein Konditionierungsprozeß, der den Hörer immer vollkommenere Konzerte erwarten läßt und den Künstler zu immer größerer technischer Perfektion zwingt. Ein immenses Übungspensum für Instrumentalvirtuosen wird zur harten Pflicht. Zur musikalischen Fronarbeit kommt das Auswendigspielen und -dirigieren als selbstverständlicher Standard. Früher kein Kriterium für künstlerische Qualität, namentlich bei Dirigenten, ist es im Zeitalter der visuellen Imagepflege zur Norm geworden. Mitglieder berühmter Streichquartette treffen sich zur ersten Probe neuer Stücke erst, wenn jeder seine eigene Stimme vollständig auswendig beherrscht. Sogar die Organisten, lange vor öffentlichen Blicken durch Kirchenemporen geschützt, trauen sich kaum mehr mit Noten in die Konzertsäle. Und Klemperers berühmtes Diktum, er brauche nicht auswendig zu dirigieren, weil er Noten lesen könne, wird heute von jedem Kapellmeister der C-Klasse mit dem partiturlosen Dirigat von riesigen Bruckner-Sinfonien ad absurdum geführt.

Die Entwicklung der Virtuosität zum Normalfall verzeichnet leicht die Wertigkeiten im Musizieren. Der Dressurakt gewinnt seinen eigenen Stellenwert gegenüber den tieferen Sinnebenen des Kunstwerks. Der Akzent geht vom »Zentrum« der musikalischen Semantik zur »Peripherie« der polierten Oberfläche: ein Erbe der spätromantischen Virtuosenära. Aber falls sich ihr Glanz nicht einstellen will, sorgen jetzt die Studiomittel dafür. Dort wird jede »künstlerische« Perfektion »technisch« machbar. Sie wird zur angebeteten Primärnorm des Studioproduktes. Aber ihre Logik ist ausweglos, denn sie kennt nur die *technische* Alternative zwischen richtig oder falsch, nicht die *künstlerische* zwischen weniger Perfektion und Momenten einmaliger musikalischer Ausdruckskraft.

Die Strategien der Perfektion haben sich von anfänglichen Schönheitskorrekturen zu einem atemberaubenden Arsenal der Surrogate und Täuschungen entwickelt.

In der frühen Ära der akustischen Aufnahmeverfahren, also bei den Zylindern und Schellackplatten, mußten die »Takes«, die jeweiligen Aufnahmesitzungen, komplett wiederholt werden, wenn sie durch Fehler verpatzt waren. Das änderte sich mit der Bandaufnahmetechnik. Ein vieldiskutiertes Skandalon der LP-Zeit war der Ersatz der hohen Cs von Kirsten Flagstad durch die von Elisabeth Schwarzkopf in Furtwänglers Einspielung von »Tristan und Isolde« bei EMI. Durch die Technik des »Tape splicing«, des beliebigen Schneidens und Einfügens einzelner Stellen und ihrer Montage aus ganz verschiedenen Aufnahmesitzungen, entsteht eine Werkvorstellung aus Einzelteilen. Maßstab ist nicht mehr die geschlossene, risikoreiche, aber einmalige Aufführungssituation des Konzerts, sondern der kühle Glanz einer ästhetischen Utopie. Längst produziert man zuerst die Orchester- und Instrumentalparts; die Sänger liefern dann mit dem Orchester-Playback im Ohr ihre Partien in Wien,

London, Berlin oder New York aufs Band, die Instrumentalsolisten exponierte Soli oder Dopplungen des eigenen Spiels. Erst im Studio werden sie durch den Toningenieur zum »Werk« zusammengemischt und als Gesamtgestalt erschaffen.

Das elektronische Double

Das menschliche Double zur »Fehlerkorrektur« weicht bald dem technischen. Mit der Entwicklung der elektronischen Klangquellen beginnt ein neues Kapitel. Es fing Anfang der dreißiger Jahre ähnlich harmlos an wie mit den krächzenden Wachszylindern zu Beginn der Schallplatten-Ära. Man hatte entdeckt, wie man die Tonfrequenzen eines elektrischen Schwingkreises musikalisch nutzbar machen konnte. Das *Aetherophon*, das *Trautonium* und die *Ondes musicales* waren die ersten Instrumente, die sich an dieser neuen elektronischen Klangwelt versuchten. Bohuslav Martinů schrieb für das Aetherophon, Paul Hindemith und Harald Genzmer komponierten für das Trautonium, Ravel, Arthur Honegger, André Jolivet und Messiaën für die Ondes. 1934 wurde aus den exotischen Hoffnungsträgern einer neuen Akustik die Hammond-Orgel, das solide und weltbekannte Muster der elektronischen Orgel. Lange war sie als schwaches Imitat der historischen Orgelregister im diffusen Grenzbereich zwischen Nachtklub und anglikanischen Kleinkirchen angesiedelt. »Elektronische Musik klingt wie Webern auf der Hammond-Orgel«, befand Adorno und erledigte damit gleich zwei Genres. Trotzdem machte sie eine frühe Karriere im Kino und Jazz und wurde bald zur ernsthaften Konkurrenz der Pfeifenorgel.

Im Jahre 1955 schließlich entstand in den Laboratorien der

RCA in Princeton, New Jersey, der erste Typ des Synthesizers. Die raumfüllende elektronische Installation des RCA Mark II konnte die reinen, »spukhaften« Sinustöne mit Oberwellen versehen und zu verschiedenen Klangfarben mischen. Das suggerierte einen großen Fortschritt, denn Aufbau und Anteil der Obertöne bestimmen die Eigenart und Klangqualität jedes Tones. 1964 hatte Robert Moog, Student an der amerikanischen Cornell-Universität, das Monstrum zu einem überschaubaren Tonmöbel verkleinert. Ein spannungsgesteuerter Oszillator (VCO) ermöglichte eine variable Erzeugung der Grundtöne, Filter (VCF) bestimmten die Klangfarbe durch Auswahl des Obertongemisches, und ein Verstärker (VCA) modulierte dem Klang zuletzt eine Hüllkurve auf. Sie erlaubte die Abstufung der Ein- und Ausschwingvorgänge zwischen *legato*-Sanftheit und *détaché*-Explosion. Nur die vielen Kabelverbindungen, mit denen der Spieler die einzelnen Komponenten umständlich zusammenstöpseln mußte, erinnerten fatal an den Arbeitsplatz der Telephonistin vom Amt. Aber im Prinzip war damit jener *Moog-Synthesizer* geschaffen, der schnell zum Wahrzeichen einer ganzen Generation von Pop-Gruppen von den Moody Blues bis zu Tangerine Dream wurde. Die Hinzufügung eines Mikroprozessors als Speicher-Gedächtnis für die Klangmischungen verbesserte die Erfindung wesentlich. Aber erst mit der Digitaltechnik wurde das Gerät zum handlichen Keyboard. Das *Synklavier* und der *Fairlight Synthesizer* (1980) wurden die ersten Prototypen, es folgten der *Kurzweil 250* und schließlich Yamahas berühmte DX-Serie als weltweite Standardgeräte des Genres. Diese Technologie war an der elektronischen Simulation des *hörbaren* Klangspektrums natürlicher Instrumente orientiert; die neueste Errungenschaft des »Physical Modelling« hingegen versucht sich an der Nachbildung des *materiellen* Klangerzeugungsvorganges der Klangquelle selbst. Mit komplexen Computerprogrammen sollen der Winddruck von Blasinstrumenten, die diffizilen Ein- und Ausschwingvorgänge bei der Tonentstehung und die Resonanz- und Abstrahlungsformen der Instrumente simuliert werden. Im Yamaha VL1 hat diese Technologie bereits Produktreife erlangt und verspricht einen Superlativ der künstlichen Klangerzeugung.

Der Synthesizer hat mehr als zwanzig Jahre den Terminus »Elektronisches Musikinstrument« definiert. Er wurde, neben der elektrischen Gitarre, zum Basisrequisit aller populären Musik. Daneben reichte sein Ehrgeiz bis zur großen E-Musik. Ein bekanntes Beispiel dafür ist Wendy Carlos mit seinen Synthesizer-Instrumentationen von Bach (*The Well-Tempered Synthesizer*, 1968, *Switched-On Brandenburgs*, 1973-1980). Inzwischen artikuliert sich die Avantgarde auf ihm ganz ungeniert und hat ihn vielfältig ins Instrumentarium integriert, vom Frankfurter Ensemble Modern bis Hans-Jürgen von Bose, während die Klanglabors aus der elektronischen Frühzeit ins Museum wandern. Die vollkommene Mimikry verspricht jetzt der *Sound Sampler*, Nonplusultra gegenwärtiger Musiktechnologie. Er erzeugt seine Klänge nicht mehr selbst als Näherungswerte an eine äußerst komplexe akustische Wirklichkeit, sondern nimmt jede beliebige Vorlage auf, analysiert sie, speichert sie digital und kann sie zu allem verwandeln. Die 1982 international beschlossene und seit 1983 erstmals in Seriengeräte integrierte Schnittstellen-Norm Midi (*Musical Instruments Digital Interface*) erlaubt die Verbindung mit anderen Keyboards oder Instrumenten zur Kombination und »Orchestrierung« vom Klangcomputer aus. Der kaum mehr als 600 Gramm schwere *Personal Music Assistant PMA-5* der Firma Roland dient sich mit dem Sound von über 300 programmierten Musikinstrumenten, Sequenzer, vier Melodie- und Begleitspuren, 26 Akkordtypen mit ihren Umkehrungen und einer Auswahl von 100 »Stilen« von Hip Hop bis Soul als musikalisches Notizbuch reisender Komponisten an. Gekoppelt mit dem in jede Jackentasche passenden Mini-Sampler Su10 von Yamaha, wird daraus das kleinste Musikstudio der Welt, in dem sich jedes Klangszenario des Jahrtausends basteln läßt.

Der Sampler ist die Krönung aller Teilkomponenten im Arsenal der Studio-Klangerzeugung. Nach dem *Equalizer* zur Anhebung wohlklingender Frequenzen der Stimme, dem *Compressor* zur Dynamikbegrenzung, um Verzerrungen zu vermeiden, dem *Harmonizer* für die Volltönigkeit der Stimme, dem *De-Esser* zur Dämpfung aller Zischlaute, dem *Chorus* für die Expansion der Stimme zugunsten eines besseren Stereoeffekts und dem *Hall* für die mystische Aura einer virtuellen Kathedrale, baut jetzt er allein jedes Potemkinsche Dorf der Akustik. Ob damit jenes »spukhafte« Wesen des durch fehlende natürliche Obertöne »verkrüppelten« elektronischen Tones gebannt ist, das Aleks Pontvik, der Vertreter einer tiefenpsychologisch orientierten Musiktherapie, für die Ursache von Angstgefühlen und chaotischen Seelenzuständen hält, bleibt allerdings offen.

Auf jeden Fall ist es längst kein Problem mehr, falsche Studio-Töne durch »gesampelte« zu ersetzen, Vokalpartien tiefer oder höher zu singen, langsamer gespielte, schwierige Stellen elektronisch zu beschleunigen oder ein Legato herzustellen, wo keines gespielt wurde – die digitale Nachbearbeitung bringt alles auf die gewünschte Norm. Sogar die Reprisen in Sinfonien der Wiener Klassik braucht man nicht mehr live zu wiederholen, denn sie werden bereits, viel bequemer, digital verdoppelt. Die höchstentwickelte Software »Audio-Sculpt« des Pariser Ircam, dem von

Boulez gegründeten Institut für die akustisch-musikalische Forschung und Koordination, kann bereits die Stimme der Callas so manipulieren, daß sie mit vorhandenem Material Opern »singt«, die sie in Wirklichkeit nie sang. »Hierin sieht das Institut nicht seine Aufgabe«, meint der neue Chef, Laurent Bayle, vornehm, gibt aber zu, daß die neue Technologie »moralische Probleme« aufwerfe. Vorläufig liefert sie nur Geräuschdesigns für neue Autoprototypen und das akustische *Morphing* für einen Hollywoodfilm, in dem sich die Stimme von Sean Connery nach und nach in das Gebrüll eines Drachen verwandelt ...

Selbst die Live-Aufnahme, ein vermeintlicher Mitschnitt des realen Konzerts, hält selten das, was sie verspricht. Der humane Kompromiß zwischen Studio und Konzert, den etwa der Pianist Alfred Brendel als dritten Weg unserer Medienkultur propagiert, gibt fast nie das gleiche, *live* erlebte Konzert wieder. Im Regelfall ist es heute ein aus verschiedenen Proben- und Konzertmitschnitten produziertes Band, das nachträglich ebenso geschönt wird wie jede Studio-Aufnahme. Berühmtes Beispiel ist der »Live«-Mitschnitt von Wladimir Horowitz' legendärem Comeback in der Carnegie Hall am 9. Mai 1965. Dank der Profis im Columbia-Studio findet sich von seinen fulminanten »Live«-Ausstiegen aus Robert Schumanns C-Dur-Phantasie auf der gleichnamigen Platte keine Spur wieder.

Aber die technischen Aspekte des Studios sind schon von Anfang an auch ästhetische. Treten sie zunächst nur als Krücken der Perfektion in Erscheinung, so werden sie unversehens zu Agenten einer anderen musikalischen Wirklichkeit.

Das technische Handwerk des »Tape splacing« wird bereits bei Glenn Gould zur Philosophie einer künstlerischen Montagetechnik. Er ersetzt nicht nur das Konzert durch eine erotische Obsession zu Mikrophon und Studio, sondern feiert die elektronische Schnitzeljagd begeistert als zeitgemäße Form künstlerischer Kreativität. Damit kombiniert er virtuos eine Unmenge verschiedener, interpretatorisch unterschiedlicher *Takes* in seiner Einspielung von Bachs »Wohltemperiertem Klavier« oder montiert seine eigene Klavierbearbeitung der »Meistersinger«. Aber er benutzt die technischen Mittel auch konsequent zur Hervorbringung neuen musikalischen Sinns. Dazu entwickelt er eine »akustische Zoom-Technik« mittels der (wie er es nennt) »analytischen Kapazität« der Mikrophone, ihrer räumlichen Aufstellung und einem komplizierten Abmisch-Szenario. Mit ihr verstärkt er in seiner Einspielung der drei Klaviersonatinen op. 67 von Jean Sibelius (1977) die polyphone Wirkung des kanonischen Satzes. Er strukturiert also die Musik durch die Studiotechnik bewußt um. »Akustische Orchestrierung« nannte es Goulds Produzent Andrew Kazdin treffend – eine »Bearbeitungsform«, die man als elektronisches Pendant zur »analytischen Instrumentation« der Bach-Bearbeitungen von Schönberg und Webern bezeichnen könnte.

Bemerkenswert ist, daß Gould die Studio-Technik nicht in den Dienst der perfekten Illusion stellt, sondern offen zum Mittel einer satzanalytischen Strategie macht. Bei seiner »kreativen Lüge« geht es schon nicht mehr um Schönklangregie, sondern um eine Art elektronischer Hermeneutik. Gould macht kein Hehl aus dem, was andere sorgfältig bemänteln, nämlich daß jede Tonaufnahme – und nicht nur der Akt des Spielens selbst – Teil einer *Werk-Interpretation* ist.

Die elektronische Epiphanie des historischen Musizierens

Damit ist die subtile Interpretationsmacht der Studio-Ästhetik aber längst nicht zu Ende. Ein besonders raffiniertes Beispiel dafür ist die elektronische Vollendung der historischen Aufführungspraxis.

Von Anfang an gab es zwischen Alter Musik und neuen Medien eine enge Verbindung. Das war, wie sich heute erweist, ein hellsichtiger Pakt zwischen den aufsteigenden Signatarmächten der Moderne und der Konjunktur der Vergangenheit im Historismus.

Bereits 1922 traten »The English Singers« mit Madrigalen der Elisabethanischen Zeit im BBC auf, seit 1928 wurden dort allsonntäglich Bach-Kantaten übertragen. 1930 wird das »Studio der frühen Musik« im WDR Köln mit einem eigenen Ensemble gegründet. Ihm folgt eine ganze Reihe besonderer »Studio-Ensembles« für Alte Musik bei Platte und Funk, über die »Cappella Coloniensis« (WDR), das »Collegium Aureum« (Harmonia Mundi) bis zur »Musica Antiqua Köln«, die auf Initiative der Deutschen Grammophon entstand. Safford Cape, ein aus Denver stammender Amerikaner, führt die ersten Konzerte mit früher geistlicher Musik 1932 im Belgischen Rundfunk auf. Wenige Jahre später machte er mit seinem Ensemble »Pro Musica Antiqua« die ersten Schallplattenaufnahmen für die »Anthologie Sonore« und danach für die »Archiv«-Serie der Deutschen Grammophon. Aus dem Jahr 1937 stammt die erste Aufnahme von Monteverdi-Madrigalen mit Nadia Boulanger – mit Klavierbegleitung.

Mit der wissenschaftlichen Verschärfung des Historismus nach dem Zweiten Weltkrieg entstand eine neue ästhetische Utopie: der »Originalklang«, vorsichtiger artikuliert in der englischen Diktion »with period instruments«, positivistisch zugespitzt im fiktiven Ideal des »authentischen« Klangs. Mit ihm wird das Medium zum unentbehrlichen Träger und Motor des Genres: die merkwürdige Allianz von alt und neu war keine zufällige, sondern eine unvermeidliche. Nie wäre ohne sie die breite Durchsetzung der historischen Aufführungspraxis möglich geworden.

Zunächst legitimiert nur die Platte, nicht der moderne Konzertsaal die kleinen Besetzungen und das intime, historische Instrumentarium. Dort nämlich werden Cembalo, Gambe, Blockflöte oder Dulzian ab der zehnten Reihe eher zur Karikatur als zur überzeugenden Stilerfahrung. Anders ist es hingegen vor den Lautsprechern im häuslichen Wohnzimmer, wo sich die historische Hörsituation leicht simulieren läßt.

Daneben ermöglicht nur die Studiotechnik jene Perfektion von Klangbild und Spieltechnik, die im Konzert um so vieles mühsamer erreichbar ist, wenn keine modernen Instrumente verwendet werden. Nach den spröden Rauhklangbildern der Frühzeit als demonstrativem Gegensignal zu einem Schönklang-Hedonismus à la Karajan hat die Studio-Ästhetik das historische Musizieren längst unter Kontrolle. Ihr raffiniertes Arsenal elektronischer Prothesen verbrämt nicht nur die Schwierigkeiten mit den alten Instrumenten nach den bekannten Strategien der Perfektion, sondern definiert subtil, aber folgenreich neue ästhetische Werte.

Wer hat nicht die betörende Klangaura »originaler« Klangbilder bewundert, die ausgefeilten Phrasierungen, die theatralischen Akzente, die aufregenden Wechsel zwischen unterkühlten Largo und rasenden Allegro, die Palette handverlesener Artikulationen oder den kunstvollen Gebrauch der vokalen »messa di voce«-Technik?

Aber der ehrfürchtige Schauder vor der Subtilität ferner Klänge und den Anstrengungen historischer Wahrheitssuche verflüchtigt sich rapide, wenn man dazu die ästhetischen Überlegungen einiger Interpreten erfährt.

Early-Music-Ensembles von Rang hatten ihre Darstellung von Musik des Mittelalters schon bald ganz bewußt in Verbindung mit der »Minimal Music« à la Steve Reich oder Philip Glass gebracht und von hier aus über die Ähnlichkeit der Klangsemantik spekuliert. Ist das ein Hinweis auf das, woran mancher fahle Klangleib zwischen anämischer Feinfrost-Delikatesse und mondäner Exotik erinnert, die rituelle Larmoyanz, die artifizielle Phrasierung, die manieristische Artikulation? Haben wir es mit dem Ergebnis verantwortungsvoller Rekonstruktion und stilistischer Einfühlung zu tun, oder womöglich mit dem inszenierten Klangbild der New-Age-Musik?

Viele offene Fragen der alten Notation, vor allem in rhythmischer Hinsicht, werden mit moderner Willkür gelöst und suggerieren eine Eindeutigkeit, die Fiktion ist. Andere Ensembles mischen das Heute ganz offen in Klänge, Instrumente und Spielpraktiken ein: ein Crossover von Historie und Moderne. Das reicht von der klanglichen »Übersetzung« der Vergangenheit in die Gegenwart (mit der Kombination von alten Zupfinstrumenten und modernen Keyboards, von melismatischen arabischen Gesängen und lateinamerikanischen Tanzrhythmen wie etwa in »From Spain to Spain« mit dem Ensemble Saraband in der Serie »Vox« unter Vladimir Ivanoff) bis zur Garnierung gregorianischer Gesänge mit Mitteln des Disko-Sounds (wie bei »Enigma« mit Michael Cretu).

Von hier führt ein kleiner Schritt zur freien Ergänzung durch moderne Einlagen im Namen künstlerischer Kreativität (wie in »Officium« mit dem Jazzsaxophonisten Jan Garbareck bei ECM) oder zum popigen Arrangement (wie bei Hildegard von Bingens »Oeuchari in letavia« von Richard Southern). Von da trennt nur noch ein schmaler Grat »originale« Historie und aktuelle »Weltmusik«.

Daß viele Ensembles ihre Liebe zwischen Alter Musik und Avantgarde teilen, bestätigt manche untergründige Verbindung zwischen Zeitgeist und historischer Ferne.

Es ist keine Frage, daß die Wiedererweckung historischer Klangbilder ein großer Gewinn ist. Niemand möchte mehr auf die betörende Aura der alten Ruckers-, Dulcken- oder Taskin-Cembali verzichten, den Reiz der unterschiedlichen historischen »Orgellandschaften« mit den Schnitger-, Compenius- oder Silbermanninstrumenten, den Zauber alter Viola-da-gamba-Klänge oder mittelalterlicher Bläserensembles. Aber viele der Instrumente sind weder alt noch »original«, sondern moderne Nachbauten. Das vermeidet tunlichst die Defizite der »authentischen« Exemplare zum Vorteil moderner Spielpraxis: den kleineren Tonumfang der Cembali, die engen Tastenmensuren, die fragilen Federkiele. Auch Violine und Bratsche werden bei »historischen« Aufführungen der Wiener Klassiker mit Bögen traktiert, die entweder zu Beethovens Zeiten bereits veraltet waren, oder mit dem moderneren Bogen von Tourte, der seit Ende des 18. Jahrhunderts unverändert in Gebrauch ist und deshalb kaum als historisch bezeichnet werden kann. Nicht weniger unhistorisch sind auch die meisten Stimmungen. Der heute bei Early-Music-Ensembles so beliebte Kammerton von 415 Hz für a^1 ist ein aus praktischen Gründen gewähltes Artefakt der Moderne. Es hat wenig mit den vielen zeitlich und regional sehr unterschiedlichen Stimmungen der wirklichen Historie zu tun, die allein zur Bach-Zeit in Mitteldeutschland zwischen 392 und 480 Hz liegen.

Keine Frage ist auch, daß die selektive Verfeinerung unseres Hörens für die verschiedenen historischen Klangidiome ein

Gewinn gegenüber den pauschalen sinfonischen Großbesetzungen des 19. Jahrhunderts ist. Aber dieses Hören setzt die Moderne voraus. Denn es ist kaum vorstellbar, daß das neue Bewußtsein für den semantischen Stellenwert bestimmter historischer Klangbilder überhaupt möglich wäre ohne die Sensibilisierung, die es in der stetigen Emanzipation der Klangfarbe als kompositorisches Element im spätromantischen Orchester erfahren hat.

Wer weiß also, ob nicht die Ablösung des vibrationsreichen Belcanto-Klangs durch den geraden, obertonarmen Vokalklang mehr mit einer unbewußten Affinität zum Sinusklang unserer elektronischen Epoche zu tun hat als mit historischer Treue? Wer weiß, ob die Renaissance des männlichen Altus nicht mehr mit der androgynen Ästhetik der Postmoderne zu tun hat als mit dem Verständnis der alten Kastratenkunst – mehr also mit dem Manierismus einer Spätzeit als der Nachempfindung einer Frühzeit?

Es scheint, als würden viele Klangbilder dem Studiomischpult mehr verdanken als den Darmsaiten der »period instruments«, den nachgebauten Cembali oder rekonstruierten Renaissanceflöten. Ihre auratischen Klangspezereien samt der Skala hochmanieristischer Interpretationskunststücke verrät oft mehr die im Studio generierte Stilsphäre als historisches Nachdenken. Sie erschafft die ästhetische Utopie der historischen Fiktion als klingendes Produkt. Aber weil es eine Utopie ist, hat die *technische* Imagination die historische und die künstlerische längst überholt. Bedenkenlos besetzt die raffiniert arrangierte Klang- und Stilalchimie der Studiomoderne die Freiräume des »Interpretierens« bei vieldeutiger Notation und unvermeidlichen Wissenslücken mit ihrem eigenen Imaginationspotential und präsentiert sie uns mit dem herrischen Anspruch auf »Authentizität«.

Selbst moderne CD-Neueditionen »historischer« Aufnahmen aus den Archiven werden nach den Standards heutiger Studiotechnik und der persönlichen Ästhetik des Toningenieurs akustisch restauriert und *digitally remastered*. Bis heute ist dafür keine kritisch-historische Wiedergabe-Philologie entwickelt, wie sie bei Noten-Editionen längst unverzichtbar ist.

Der Maßstab der New-Age-Musik an die frühe Mehrstimmigkeit des Mittelalters schließlich ist, wenn nicht ein frivoler Akt ästhetischer Autonomie, so doch eine ziemliche Abstraktion aus dem historisch »authentischen Kontext« und seiner (meist sakralen) Stilsphäre. Ob unbewußte Besetzung des Freiraumes im geschichtlichen Kunstwerk durch den »Zeitgeist« oder bewußte Abstraktion: Die Studiotechnik ist der perfekte Agent für beides. Sie erschafft ihre Stilreferenz selbst. Im Studio vollzieht sich, ganz zwanglos, der kleine, aber folgenreiche Schritt vom *Abstrakt* zum *Artefakt*.

Von der Musik zum Sound

Die heimliche Hochzeit zwischen Studio und Historie ist zwar obszön, aber diskret. Offen bis zum Exhibitionismus hingegen wird die Vermählung von Musik und Elektroakustik bei Pop und Rock gefeiert. Dort ist das elektronische Arsenal längst unverzichtbarer Bestandteil der offiziellen Ästhetik.

Wenn eine Band wie Pink Floyd auf Tournee geht, umfaßt ihr gesamtes Multimedia-Equipment siebenhundert Tonnen. Es wird auf 49 Sattelschleppern befördert, mit denen jeweils drei identische Bühnen bestückt werden, eine, auf der die Band spielt, die vorherige, die abgebaut wird, und die nächste, die bereits aufgebaut wird.

Wenn eine Performance-Künstlerin wie die Amerikanerin Laurie Anderson mit ihren ausgetüftelten Mixed-Media-Skulpturen aus Musik, Text, Film, Graphik und Tanz die Geschichten ihrer »mental movies« erzählt, dann ist die Elektronik wichtigstes Element ihrer Musik. Einer computervernetzten Violine entlockt sie ebenso dreckige Gitarrensounds wie volltönende Kontrabaßklänge. Die durch *Vocoder* manipulierte Stimme reicht vom akustischen Bestiarium mit Vogelschreien und jaulenden Hunden bis zur naiven Kleinmädchenpose. Die Virtuosität ihrer akustischen Mimikry verdankt sie der Elektronik – aber das musikgeschichtliche Modell liegt in der Orchestersprache der Spätromantik. Wenn Wagner die Flageolett-Töne kultiviert (wie im Lohengrin-Vorspiel) oder Diskantinstrumente wie die Flöten in ungeahnte Tiefen führt, umgekehrt aber die dunklen Fagotte in schwindelnde Höhen, oder wenn Carl Maria von Weber das Unheimliche mit den tiefsten Regionen von Klarinette und Streichern beschwört, dann ist das die Technik des raffinierten Mischklangkonzepts und der expressiven Tonmalerei – aber auch der Keim zur Loslösung der Instrumente aus ihrer natürlichen Klangidiomatik. Die strukturelle Entgrenzung geht einher mit der Aufgabe einer historischen Bindung. Als klangliche Verfremdung wird sie zum Potential neuer Ausdrucksmöglichkeiten – und ein Weg der Moderne. Hier ist Laurie Anderson nicht weit weg von den Live-Elektronik-Performances des kongenialen Cage-, Boulez- und Stockhausen-Interpreten David Tudor, der in vielen Varianten (von »Rain Forest«, 1968, bis »Neural Network Plus«, 1992) als elektronischer Klangartist brillierte.

Die elektronische Instrumentierung der Live-Auftritte ist aber nur eine Marginalie im neuen Fundus der Artefakte. Sein wahres Zentrum befindet sich im digitalen Studio.

80 Prozent der Pop- und Rockmusik wird heute digital im Studio erzeugt. Die Schlagzeugmusik wurde schon längst von Rhythmusmaschinen getrommelt; jetzt werden die Klangspektren am Klangcomputer erfunden und »designed«, »gesampelt« oder zu Collagen montiert.

Zunächst gibt es noch Studioensembles, die mit Vollplayback auf Tournee gehen, ohne einen einzigen Ton live zu spielen. Inzwischen werden die Musiker ersetzt durch den Sampler oder synthetische »Gruppen«, die nur aus einem Spieler oder dem Klangcomputer bestehen.

Ein liebenswerter Skandal war 1990 das Auffliegen einer Gruppe, die zwar 20 Millionen Platten verkauft hat, die es aber niemals gab: Milli Vanilli. Aber sie war wenigstens noch die Marionette eines anderen, zwar anonymen, aber wirklich singenden Duos im Studio, während die offiziellen Imageträger nie anders als mit Vollplayback auftraten. Jetzt produzieren Menschen, die weder ein Instrument spielen noch singen, in Hinterhofgaragen oder Wohnzimmern am Computer die Pop-Hits der Saison. Es gibt zwar kein Mikrophon, kein Keyboard, keine Gitarren, kein Schlagzeug, aber eine Menge virtueller Bands mit klingenden Namen.

Die »Kunst« aus dem Labor hat die Musiker durch die Computeranimateure ersetzt. Techno und Dance-Music, die Datentracks ohne Musiker und Melodie, markieren den momentanen Extrempunkt der Gattung. Sie sind übrigens eine musikalische Erfolgsstory aus dem Lande des Johann Sebastian Bach. Gleichzeitig ist das Artefakt ein Gipfelpunkt der autonomen, *studioreferentiellen* Ästhetik, denn es ist ausschließlich für den Tonträger geschaffen, nicht mehr für das Konzert.

Die Metamorphose der U-Musik im Labor, dort Normalfall des Genres, mag für die E-Musik der Extremfall sein.

Zwar waren bereits Karajans Opernproduktionen für Salzburg ein Jahr vor der Aufführung fix und fertig auf Video-Disc gebannt, so daß die Sänger bei den Bühnenproben nur noch die Lippen zu ihren aufgezeichneten Stimmen bewegten: Vollplayback im Hort der Hochkultur. Zwar gibt es genügend Anzeichen, daß in den heutigen Megahallen und bei Open-air-Festivals viele der Belcanto-Spitzenstars ebenso mit Playback singen wie die Rock- und Popstars. Zwar wurde die Stimme des berühmten Kastraten Farinelli für den Film »Farinelli – Il Castrato« durch den Klangcomputer des Pariser Ircam »designed«. Und schließlich sind die Details der Produktionsvorgänge in den Studios so tabu, daß höchstens Indiskretionen Ahnungen wecken: über Liederzyklen, die digital auf (notierte) Höhe transponiert wurden, langjährige Kämpfe um die Studioabmischung mit berühmten, aber unzufriedenen Pultstars oder allerlei makabre »Ersatz«-Maßnahmen. Trotzdem ist in der E-Musik die akustische Elektronik noch kein offizieller Bestandteil der Kunst wie in der U-Musik. Aber unüberhörbar schwappt, jenseits der heimlichen technischen Strategien, die andere Semantik in die E-Welten. Die Crossover-Produkte, die Compilations und Clips und eine Konzertregie, wie sie Popstars oder Vanessa Mae vorführen, zeigen mindestens den *ästhetischen* Transfer. Die Pop-Ikonen instrumentieren die Klassik: Madonna regiert Vivaldi.

Diese Entwicklung ist zuerst eine Marketingstrategie. Sie soll neue Zielgruppen erschließen, das Programmangebot erweitern und die Kunst vom Sockel in den Supermarkt holen. Das zeigt den Trend zum Entertainment: die Götterspeise als profaner Fast-food-Artikel.

Aber gleichzeitig ist sie Indiz für eine tiefe Veränderung unseres musikalischen Bewußtseins. Der Akzent geht von der Musik zum *Sound*. Aktiv in der Studio-Ästhetik, passiv in den Hörgewohnheiten des elektronischen Zeitalters. Vordergründig erscheint die technische Klanganimation vielleicht nur als Steigerung der Reizmittel, tatsächlich aber vollzieht sich ein Qualitätssprung. Der Wandel ist nämlich nicht nur Zeichen einer neuen Klangästhetik, sondern Signal für den Wechsel zu einer anderen Logik. Weil das Studio- und stärker noch das Computerprodukt mehr von der Technik bestimmt ist als von einer musikalischen Idee, verläßt man den bisherigen Entwicklungsgang der Musikgeschichte.

Der musikalische Satz hatte sich, wie wir sahen, von der frühen Vokalmusik über den weitgehend besetzungsneutralen Satz in der Instrumentalmusik des Mittelalters und einer idiomatisch gebundenen Instrumentierung der Wiener Klassik bis zum mächtigen Klangfarbenspiel in der Spätromantik entwickelt. Die Grundvorstellung von musikalischem Satz als »Konstruktion« wurde abgelöst vom »Skript« einer Klangfareninszenierung. Sie brachte die raffiniert psychologisierenden Tongemälde von Wagner, Strauss oder Mahler hervor und wirkt in der Nachbildung durch die Klangregie der Studio-Ästhetik weiter. Voraussetzung war die Lockerung des »klassischen« Satzes mit der Abspaltung von Melos und Harmonie. Das war zwar in der Literarisierung und den Virtuosen-Inszenierungen der Romantik mit Autonomie-Verlusten verbunden, einer langsamen Aufweichung seiner »Festigkeit« zugunsten der außermusikalischen, assoziativen Anleihen, ermöglichte aber das illusionistische Farbenspektakel des »Ring«-Orchesters, der Tondichtungen von Richard Strauss oder den grandiosen Klangpomp der »Symphonie der Tausend«. Es erschuf das kolossale Tonfarbentheater als Metaphysik des Klanges samt seiner elektronischen Illumination.

Unter diesem Aspekt war die Oberflächenveredlung der

Studioklangregie immerhin noch als »elektronische Instrumentierung« erkennbar. Jetzt aber verliert der nur technisch bestimmte Eigenwert des »Sounds« seine Referenz zur musikalischen Bedeutungsstruktur des Werks.

Ein Einfallstor für diese Entwicklung war der Rhythmus. Frei geworden aus seiner Bindung an Melos und Harmonie im »konstruktiven« Satz der Klassik, wird er als losgelöste Vitalschicht des Tanzboden-Erbes geradezu zum Symbol der modernen Pop-Musik. Dort verwandelt er sich von einer archaischen Strukturschicht zur wesentlichen, manchmal einzigen Bedeutungsschicht. Als harter, überbetonter und elektronisch aufgeblähter Beat triumphiert diese in den wichtigsten Bereichen der U-Musik, vom frühen Rock'n'Roll bis zu Metal und den atemlosen Gewittern von Techno und Dance-Music.

Nach und nach löst sich die technische Klangkulisse immer mehr vom musikalischen Satz. Die Grammatik seiner Klangverbindungen und harmonischen Abläufe hat, wie der Beat, mit der gleichsam abgeschälten Epidermis seiner Akustik nichts mehr zu tun. Sie wird als Sound autonom: Das technische Medium inszeniert sich selbst. Und zwar im Modus der *Amplification*, einer Verstärkung, die die alte 1:1-Vorstellung zwischen Satz und Klang im akustischen *Overkill* weit hinter sich läßt. Eine zweite Semantik des Werks entsteht oder – im Falle der computergenerierten Musik – eine andere, der überhaupt kein musikalisch komponierter Satz zugrunde liegt. Damit tritt der alte, historische Kompositionsbegriff ab. Es vollzieht sich der Schritt aus der Logik des Kunstwerks in die der Technik und damit der Umstieg von einer *Ontologie der Kunst* zur *Ontologie der Technik*.

Ein Beleg für die autonome, von musikalischer »Bedeutung« fast unabhängige Wirkung sind die typischen Sound-

Produkte bestimmter Bands. Wie Etiketten urheberrechtlich geschützt und vermarktet, begründet ihr Sound, und nicht die Musik, deren Individualität. Als aufwendig im Studio-Design erarbeitete Klangidiome markieren sie Gruppen wie die Backstreet Boys oder Richtungen wie Hip Hop und stiften die emotionale Identität und sozialen Codes für die verschiedenen Lager ihrer Fans. Hier wird klar, weshalb die U-Musik-Rezeption mehr ein soziologisches als ein künstlerisches Phänomen ist.

Der gleiche Bewußtseinstrend herrscht auch auf der anderen Seite des Studios: bei den akustischen Kulissen des häuslichen Konzertsaals. Die bunte Revue der verschiedenen, technisch bestimmten Klangbilder zeigt es. Galt der analytische, frostige Laborklang der sechziger Jahre als Garant einer »objektiven Wiedergabe«, so folgen dem Experiment der vierkanaligen Quadrophonie die mondänen Luxusklänge der Karajan-Zeit zwischen sphärischem Mantovani-Sound und halligen Bässen als Inbegriff von *High Fidelity*. Schon kurz darauf wurde die strenge Philosophie der Kunstkopf-Stereophonie vom mehrkanaligen Disko-Sound überholt, der bis zu den Klangorgien der heutigen Surroundsysteme nach THX oder Dolby von Lucas, Bose oder Nimbus führt. Sie sind inspiriert von der raffinierten Geräuschästhetik bestimmter Filmregisseure (wie etwa Francis Coppola, George Lucas, Martin Scorsese, Brian de Palma oder David Lynch) und ihren Spezialisten des »Sounddesigns«. Sie entwerfen wie die »Digital Animation Artists« ihre optischen *Landscapes* jetzt die neuen *Soundscapes*, vom zermürbenden Akustikterror in »Apocalypse Now« oder »Independence Day« bis zur psychotischen Kellersequenz in »Das Schweigen der Lämmer«.

Inzwischen eröffnet auch dort die Digitaltechnik neue Horizonte. Die digitalen Mehrkanaltonsysteme der *Digital*

Video Disc DVD (etwa in den MPEG-Normen von Philips oder AC3 von Dolby) stellen die bisherigen Surroundsysteme in den Schatten und ermöglichen die unabhängige Polyphonie der Lautsprecher. Die Entwicklung von digitalen Signalprozessoren im Lautsprecherbau reicht bis zur Korrektur der Raumakustik am individuellen heimischen Hörplatz. Damit fällt auch ein letztes Refugium der Analogtechnik. Ob Brauns »akustische Sachlichkeit« der sechziger Jahre, Boses *Lifestyle*-Musiksystem der neunziger oder die alchimistische Szene der altmodischen Lautsprecher-Freaks: Es ist die immer gleiche Musik, die immer neuen Klangtechnologien dient.

Wie der U-Musiker in der Band oder der elektronische Solo-Animateur vom musizierenden Subjekt zum eigenen Sounddesigner mutierte, so verwandelt sich der enthusiastische Musikfreund zum willigen HiFi-Fan, der, im Sinne Glenn Goulds, sein »Konzert« zu Hause an den Reglern selbst gestaltet. Die Sound-Suggestion im überzeichneten *Amplification*-Maßstab ersetzt die musikalische. Die künstlerische Überzeugung weicht der technischen Überwältigung.

Zu den neuen Ufern der digitalen Ästhetik

Vom »Dokument« des musikalischen Konzertereignisses als Treuhänder einer künstlerischen Erlebniswirklichkeit ging der Weg zum ästhetisch autonomen Artefakt. Bereits die »studiogemasterte« LP führte weit in die Halbwelt von Fiktion und Wahrheit. Dort werden zwar Perfektion und Glanz des Abbildes immer besser, aber Aura und Identität des Live-Kunstwerks verschwimmen. Gleichzeitig erweist sich die Tonaufzeichnung immer mehr als Mittel musikalischer Interpretation. Walter Benjamins Klage am Anfang dieser Entwicklung um den Verlust der »auratischen Wirkung« des Kunstwerks ist längst Geschichte geworden. Das heftige Unbehagen großer Dirigenten am Plattenstudio – von Toscanini, Furtwängler, Knappertsbusch oder Klemperer bis zum störrischen Totalverweigerer Celibidache – wird zum Bekenntnis einer überholten Metaphysik. Wie obsolet sie ist, sieht man daran, daß alle Konzerte Celibidaches mit den Münchner Philharmonikern mit Wissen des Maestro seit 1983 als Mitschnitte im Panzerschrank lagern und nun, nach seinem Tod, der Verwertung zugeführt werden.

Wir verlassen, so scheint es, mit der Digitaltechnik endgültig die Welt einer am künstlerischen Konzerterlebnis orientierten musikalischen Erfahrung. Hatte die Klangregie des vergangenen LP-Zeitalters vielleicht noch wenigstens ideellen Anteil daran, wenn sie das »Schöne«, nach dem sie technisch trachtete, im Geiste alter Metaphysik als »Glanz des Wahren« realisierte, so ersteht jetzt eine neue Welt beliebiger digitaler »Wahrheiten«.

Der entscheidende Quantensprung ist der Wechsel von der Welt analoger Nachbildungen zum Algorithmus der binären Codes im Digital-Land. Wird in der ersteren noch eine strukturelle Ähnlichkeit zwischen Klangobjekt und seiner Abbildung bewahrt, so codiert die andere alle Musik in einem Datenbild. Hier liegen die Potentiale der künstlichen Klangerzeugung und des magischen Sounddesigns, hier ist aber auch jeder Eingriff in das gleichsam genetische Material des codierten Klanges möglich. Stand am Beginn des Paktes von Musik und Elektronik das Versprechen, uns die lebendige Hörerfahrung des Konzerts wiederzugeben und aufzubewahren, so steht an seinem (vorläufigen) digitalen Ende ihre elektronische Neuerzeugung. Sie kann alles: die schlackenlose Abbildung, die grenzenlose Schönung, die komplette Simulation, die unwahrscheinlichste Lüge.

Eine Schlüsselstellung in dieser Technologie nehmen die Verfahren der Datenreduktion und -kompression ein: die sogenannte Quellencodierung. Ihre Problematik wirft ein Licht auf die ästhetischen Risiken.

Da die Zerlegung musikalischer und optischer Signale einen riesigen Strom digitaler Daten liefert, muß dieser für eine ökonomische Übertragung oder enge Speicherkapazitäten reduziert werden. Dazu gibt es inzwischen ebenso verschiedene algorithmische Lösungen wie für die Neugenerierung der Daten durch den Rechner im Empfangs- oder Wiedergabegerät. In jedem Fall werden die Ursprungsdaten im Verhältnis von bis zu 1:200 reduziert und später durch Neuerzeugungen ersetzt. In einem aktuellen Codiersystem des hochauflösenden HDTV-Verfahrens (MPEG 4) ist man schon bei Kompressionsraten von 1:1500. Dabei werden nur noch die Änderungen zwischen aufeinanderfolgenden Bildern errechnet und gespeichert. Der Decoder-Rechner im Wiedergabegerät setzt daraus die neuen Vollbilder zusammen. Damit hat man die Kapazität der »alten« CD von 680 Megabyte auf 8,5 Gigabyte bei der neuen DVD erhöht.

Die Ingenieure schwören auf die Unverletzlichkeit des Klanges – innerhalb eines von ihnen definierten sinnlichen Wahrnehmungsrahmens, die HiFi-Fans zucken die Achseln, und nur die Künstler schaudern – sofern sie nicht durch die verlockenden kommerziellen Aspekte Trost finden.

Jedenfalls sind diese Verfahren Akte einer immanenten technologischen Autonomie. Sie zeigen eindringlich den nächsten Schritt von der Künstlichkeit fortgeschrittener Studio-Ästhetik zur Eigengesetzlichkeit des technischen Elaborats, von der *Selbstinszenierung* des Mediums im

Sound zu einer *selbstreferentiellen* technischen Ästhetik. Das ist eine unheimliche Evolution vom Dokument über das Surrogat zum akustischen Homunculus. Oder aber ein großartiger Aufstieg vom schlechten Faksimile zur schöpferischen neuen Welt des digitalen Mediendesigns.

Die digitale Codierung betrifft Musik, Rundfunk, die visuellen Medien und alle Datenübertragungssysteme. Obwohl sie eigentlich nur eine andere Kommunikationstechnologie ist, prägt sie unser Leben als neue Kulturtechnik. Unter dem Stichwort »Virtuelle Realität« hat deshalb eine breite Theoriediskussion zu deren intellektueller Bewältigung eingesetzt.

Der Diskurs einer verstörten Philosophie im Trab hinter einer triumphierenden Technik kreist vor allem um die Frage nach der »Referenz« in all den jederzeit erzeugbaren »Wirklichkeiten«. Mit der Neuerörterung der Frage, wie sich eigentlich »Realität« im menschlichen Bewußtsein konstituiere, greift er bis auf die erkenntnistheoretischen Grundlagen unserer modernen Welt bei Descartes zurück. Die Antworten sind so zwiespältig wie das Thema.

Die einen beklagen die »Agonie des Realen« (Jean Baudrillard), die anderen sehen nur eine neue Spielart im Komplex verschiedener »Weisen der Welterzeugung« (Nelson Goodman). Die einen sprechen kritisch vom »digitalen Schein« (Florian Rötzer), die anderen feiern die »digitale Ästhetik« als Erlösung vom alten Wahrnehmungsraum, der endlich den »Techno-Künstler« (Peter Weibel) ermögliche. Unter der Metapher »Dies ist die Geschichte eines Verbrechens« klagt Baudrillard die »Ermordung der Realität« an und dekliniert lustvoll alle Originale in ihre technischen Faksimiles um: die von Musik in High Fidelity, die »Hohe Auflösung« von Bild und Zeit in Digitalbild und Echtzeit-Simulation, von Sexus in Pornographie, von Denken in künstliche Intelligenz, von Sprache in numerische Computercodes und von Körper in genetischen Code und Genom.

Wer die Vertauschbarkeit von Wahrheit und Schein feiert, beruft sich darauf, daß jede Wirklichkeit nur eine bloße Funktion der jeweiligen »digitalen Punktedichte der Objekte« sei (Vilém Flusser). Das aber ist die Voraussetzung für jene »Mediatisierung der Menschheit mittels der Kybernetik« und eine »multimedial vernetzte Welt der Zukunft« (Paul Virilio), die gerade im Gang ist.

Und wer die Digitalisierung des Klanges nicht nur als »Perfektionierung des Trägermaterials« feiert, sondern »genaugenommen als seine Überwindung«, wird »den Simulakren auf dem Computerschirm dieselbe ontologische Würde bestätigen wie der Welt um uns herum« (Vilém Flusser). Damit trennt kaum mehr etwas die virtuelle Realität der »Illusionstechnologie« von der menschlichen Realität der Kunst, denn der Kern der einen ist die Inszenierung oder Simulation des Realen, das Wesen der anderen ihr angeblich »illusionistischer Charakter«. Was soll also noch die Frage nach »Referenz« oder »Authentizität«, wo das Ereignis selbst »zur bloßen Matrize seiner Reproduktion« geworden ist (Günther Anders)?

4. Kulturkommerz oder Kommerzkultur

Musik, Markt, Gagen und Vernetzungen

»Kunst geht nach Brot«, lautet die griffige Devise, an der sich Metaphysik und Kunstbetrieb schon immer schieden. Das war vor Beethoven, der als Symbol erster wirtschaftlicher Unabhängigkeit gilt, nicht anders als nach ihm.
Vor ihm befand sich die Kunst in der strengen Bindung von Auftraggebern, funktionalen Rollen und konkreten Anlässen. Auch er selbst war noch abhängig von seinem aristokratischen Gönnerkreis und den Verlegern. Nach Beethoven waren es das Publikum, Veranstalter, Konzertagenten und alle Spielarten von »Öffentlichkeit«. Mit den Tonträgern und Medien unseres Jahrhunderts erreicht diese Öffentlichkeit ihre größte Wirkung, aber auch den Marktplatz. Denn das ist der Weg der Musik zur Ware. Als solche wird sie unvermeidlich zum Objekt zwischen künstlerischen und kommerziellen Strategien. Der alte Dreiklang von Komponist, Interpret und Hörer, bereits entscheidend erweitert um den technischen »Dirigenten« der Studioproduktion, nimmt einen weiteren Mitspieler auf: den Produktmanager und sein Marketing. Allerdings ist er, wie der Computeranimateur der U-Musik, kein musizierender »Künstler«, sondern ein rechnender.
Die wesentlichen Muster im Zusammenspiel von Musik und Marketing werden bereits in der LP-Ära ausgebildet. Dort ist die selbstverständliche kommerzielle Auswertung der Ware Musik nur die eine Seite der Medaille. Die andere ist der Bedeutungswandel, der mit dem Wechsel vom Konzert zu seinem technischen Faksimile verbunden ist. Mit ihm findet ein Transfer der »Aura« statt. Ihre magische

»Ladung« wechselt vom musikalischen Original zum elektronischen Konterfei, vom singulären menschlichen Tun zur vielfachen medialen Vergrößerung: »The medium is the message«, wie die schon fast vergessene Formel von Marshall McLuhan aus der Frühzeit der Medienphilosophie dazu lautet. Die High-Tech-Ikonen der Studio- und HiFi-Welt absorbieren immer mehr vom Glanz, Prestige und Fluidum des Konzerts. Sie sind die besseren Garanten des modernen Imagewertes als die unberechenbare, womöglich schlecht besuchte und rezensierte Fronarbeit im Konzertsaal. Es sei denn, es wäre ein PR-Konzert für die neue CD oder eine Videoaufzeichnung. Die elektronische Philharmonie wird zum Fokus musikalischen Tuns, sie garantiert mehr Ruhm, Reichweite und Macht, als es das Konzert jemals vermochte – und natürlich mehr Geld für alle Mitspieler.

Hier bildet sich früh ein neues Szenario musikalischer Typologien aus. Auf der aktiven Seite mit dem Kult des Stardirigenten, der sich, nach dem Zerfall der alten Einheit von Komponist und Interpret, seit dem 19. Jahrhundert immer deutlicher zur Leitfigur des Konzertlebens entwickelt. Als Garant des Spitzenprestiges wird er zum wichtigsten Marktfaktor und gleichzeitig zum Symbol des Interpretationskultes. Aber auch die großen Instrumentalvirtuosen, die Primadonnen der Vokalkünste oder die berühmten Orchester mit den auratischen Namen werden zu Trägern des geldwerten Image.

Das *Crescendo* der Spitzengagen illustriert dies bestens. Ende der achtziger Jahre bekam Karajan-Schüler Seiji Ozawa als Leiter des Boston Symphony Orchestra 381 000 Dollar jährlich, und Mstislaw Rostropowitsch beim National Symphony of Washington 687 392 Dollar. Zur gleichen Zeit erhielt Zubin Mehta bei den New York Philharmonics 638 830 Dollar, jetzt erhält er als Chefdirigent der Bayerischen Staatsoper zwei Millionen Mark. Sein gesamtes Jahreseinkommen in der Saison 1995/96 wird auf ca. neun Millionen Mark veranschlagt. Lorin Maazel bezog als Chef des Pittsburgh Symphony Orchestra noch eine Million Dollar im Jahr, jetzt sind es, als Leiter des Symphonieorchesters des Bayerischen Rundfunks, sechs Millionen Mark. Daniel Barenboim mußte sich nach politischer Intervention von seinem Zwei-Millionen-Mark-Vertrag als Leiter der neuen Bastille-Oper in Paris trennen, erhält aber jetzt 700000 Dollar pro Jahr als Chef des Chicago Symphony Orchestra plus eine Million Mark als Chef der Berliner Staatsoper – bei nur viermonatiger Anwesenheitspflicht. Als Solist mit dem weltweit höchsten Einkommen gilt der Geiger Itzhak Perlman. Er verdiente in der Saison 1995/96 ca. 8,5 Millionen Mark. Auch Luciano Pavarotti, José Carreras oder Plácido Domingo waren früher noch für Abendgagen zwischen 50000 und 150000 DM zu haben, 1996 erwirtschafteten sie mit der spektakulären Tournee der »Drei Tenöre« je eine Million Mark für jeden Auftritt. Das ist für Pavarotti allerdings nur ein Zubrot: Mit Einnahmen zwischen ca. 24 und 27 Millionen Mark in der Saison 1995/96 ist er der bestverdienenste Musiker der »Hochkultur«.

Der gleiche Prozeß spielt sich auf der anderen Seite ab, beim passiven Kunstkonsumenten. Als Wohnzimmer-Hörer bezieht er sein musikalisches Weltbild über die medialen Kanäle und Abspielgeräte, entweder als offener oder musikalisch getarnter HiFi-Fan.

1995 haben die Firmen im Bundesverband Phono mit einem Umsatzergebnis von 4,68 Milliarden Mark abgeschlossen. Dazu kommen Direktimporte ausländischer Tonträger im Wert von 475 Millionen Mark. Im gleichen Jahr haben 51,1 Prozent der Bevölkerung im Alter von über zehn Jahren mindestens einen bespielten Tonträger gekauft, 1994 waren es noch 47,5 Prozent. Die Gesamtzahl aller verkauften Tonträger (CD, MC, LP und Singles) über den Handel und die Clubs ist von 416,8 Millionen Stück im Jahr 1990 auf 461,5 Millionen gestiegen. Dazu kommen noch 718 200 Stück verkaufte Musik-Videos.

Dank seiner Tonträgersammlung wird der elektronische Hausmusiker zum Connaisseur und der virtuose Interpretationsvergleich zu einer bequemen Spielart modernen »Musizierens«. Das allerdings gilt inzwischen auch für viele Dirigenten, die auf ihrem Weg vom Kapellmeister zum Pultstar das Klavier mit der lässigen Korrepetition am CD-Player vertauschen.

Die Technologie der digitalen Welt erweitert die Möglichkeiten des Szenarios noch erheblich.

Zunächst brachte die technologische Innovation einen enormen Produktivitätsschub für die Tonträgerindustrie.

Im Jahr nach der Einführung der *Digital Audio Disc*, wie die CD genau heißt, 1982, wurden 1,3 Millionen Stück verkauft. Danach hat sich jedes folgende Jahr der Umsatz verdoppelt; 1990 waren es bereits 120 Millionen Stück. Davon allein in Deutschland 1990 76,2 Millionen Stück und 1995 176,9 Millionen.

Inzwischen scheint eine Grenze erreicht. Der Absatz der E-Musik stagnierte 1995. Die Verkäufe im Klassik-Bereich zeigen einen Einbruch von 13,6 Prozent. Auch die Preise haben sich differenziert. Anfangs lagen die Blütenträume der Branche bei einem Verkaufspreis von 50 Mark pro E-Musik-CD. »Ich sehe den Preis einer CD dort, wo auch das gebundene Buch steht«, meinte Thomas Stein, der Vorsitzende des Bundesverbandes der Phonographischen Wirtschaft und Geschäftsführer von BMG Ariola. Das erwies sich zwar als unrealistisch, aber trotzdem war der Profit in der alten Hochpreisklasse von 30 bis 35 Mark respektabel, denn die Herstellungskosten konnten mittlerweile unter zwei Mark pro Stück gedrückt werden. Dazu kommen Verpackung, Rechte und GEMA-Kosten mit ungefähr fünf Mark. Künstlerlizenzen, Werbekosten, Betriebskosten und Vertrieb werden durchschnittlich mit weiteren zwei bis drei Mark angesetzt. Eine schwankende Größe sind die Aufnahme- und Werbeetats. Die Studiokosten betragen heute im Durchschnitt zwischen 10000 und 100000 Mark. Allerdings sind sie durch die neue Digitaltechnik erheblich gesunken. Mit einem DAT-Recorder ab 2000 Mark kann heute jeder Heimgitarrist seine CD-Vorlage selbst aufnehmen. Im Pop-Bereich kann man schon für einen Herstellungspreis von etwa 6000 Mark 1000 CDs produzieren – braucht dann aber ein Vielfaches für die Werbekosten. »Ohne Video hat man heute kaum noch Chancen, in die Charts zu kommen«, so Jörn Heinecker, der Geschäftsführer des Independent-Vertriebsnetztes Indigo. Ein sendefähiges Video kostet mindestens 15000 bis 20000 Mark.

Im Klassikbereich hingegen sind die Produktions- und Marketingkosten immer noch sehr hoch. Das liegt vor allem an den horrenden Gagen der Elitestars. So kostete die Produktion der Violinkonzerte von Brahms mit dem Cleveland Orchestra unter Christoph von Dohnányi und dem Geiger Joshua Bell (Decca, 1996) 150000 Dollar plus 100000 Dollar Marketing. Die Produktionskosten von Beethovens Trippelkonzert op. 56 mit den Berliner Philharmonikern unter Daniel Barenboim (EMI, 1995) betrugen 500000 Mark oder die von Mussorgskys Oper »Boris Godunow« mit den Berliner Philharmonikern unter Claudio Abbado (Sony, 1994) gar 1,2 Millionen Mark.

Inzwischen hat sich das Preisniveau des Fachhandels durch »Mid-price« und »Budget-price«-Klassen deutlich abgesenkt. Vorreiter im E-Musik-Bereich war das Label Naxos.

Es drückte als Billig-Label den Preis an die Zehn-Mark-Grenze, brachte es aber als Qualitätsmarke bald zu Ansehen und hohen Umsätzen. Sie haben im Bereich der Billigscheibe seit 1990 um 200 Prozent zugenommen: von 7,7 Millionen CDs auf 23,5 Millionen 1994. Andere Labels wie Arte Nova oder Brisa von Arts folgten. Schließlich wachten auch die großen Firmen auf und ließen sich mit besonderen Editionen (wie etwa »Essential Classics« von Sony) oder Serien (wie »Digital Experience« und »Classical Experience« von East West Records) auf das Dumping ein. Dazu kommen noch die Importe und die Sonderangebote der großen Media-Märkte und der weltweit blühende Markt der Raubkopien. Die Media-Märkte setzen mit Lockangeboten nicht nur das Preisgefüge weiter unter Druck, sondern auch den Fachhandel. Im Jahr 1975 gab es noch rund 15 000 Fachgeschäfte in der BRD, 1996 sind es im wiedervereinigten Deutschland gerade noch 7500. Die schwarze Branche der Musik-Piraten hat 1995 (nach Daten der internationalen Tonindustrievereinigung IFPI, London) rund 2,1 Milliarden Dollar mit Raubkopien verdient. Etwa jede fünfte Aufnahme in den 68 untersuchten Ländern ist eine Raubkopie; in Italien fast jede dritte CD oder Kassette, in China neun von zehn, in Lateinamerika fast 70 Prozent.

Immerhin löst die bequeme, rausch- und kratzerfreie Klangkonserve endlich eine Utopie des Warenzeitalters ein: die Fünfte von Beethoven oder Bruckner als festen, kompakten Besitz nach Hause zu tragen. Während der grimmige Plattenverächter Sergiu Celibidache immer wieder betonte: »Die Fünfte von Beethoven gibt es nicht – sie *entsteht* jedesmal *neu* im Konzert«, mutiert der alte Kompositionsbegriff der »Res facta« für die schriftliche Partituraufzeichnung (im Unterschied zum improvisierten Musizieren) zum eleganten *Ready-made* der Moderne.

183

Aber die CD ist nur die Spitze des Eisbergs der neuen Technologie. Die digitale Innovation erweist sich als Königsweg in die Medienmoderne. Nicht nur die anderen Tonträger werden mit DAT (Digital Audio Tape), DCC (Digital Compact Cassette), MD (der wiederbespielbaren Mini Disc) und der Bildplatte (Laser Audio/Video Disc) inzwischen digitalisiert, sondern auch Rundfunk, Fernsehen und Video. Der digitale Rundfunk ist als DSR (Digitales Satelliten Radio) seit 1989 in Betrieb und als DAB (Digital Audio Broadcasting) in Deutschland 1996 in die Versuchsphase getreten, und das neue digitale Satelliten-Fernsehen (DF) verspricht uns Hunderte von Kanälen und weltweiten Zugang.

Der Aspekt der Vernetzung wird ein Motor weiterer Entwicklungen. Voraussetzung ist die digitale Kommunikationstechnologie, mit der über Datenleitungen und Satellit die Netze riesiger Konsummärkte und Abnehmergruppen geknüpft werden. Spätestens dann trifft sich diese Technologie mit der Informationsverarbeitung, vulgo: dem Computer. Die Elefantenhochzeit von Telekommunikation, Medien und Personalcomputer erschafft uns jenes zukünftige Cyber-Heim, von dem Microsoft-Boß Bill Gates so visionär wie professionell zu schwärmen weiß.

Ein gleicher Prozeß kommerzieller Vernetzung vollzieht sich in der Konzentration der Platten- und Medienkonzerne. Seit vielen Jahren steht der Markt im Bann immer neuer Fusionen und Kombinationen. Die Sony Corporation kaufte 1988 den größten Plattenkonzern der Welt von der amerikanischen *Columbia Broadcasting System* (CBS) für 3,5 Milliarden Mark und schmiedete daraus *Sony Classical*. Die Bertelsmann Music Group (BMG) verleibte sich im gleichen Jahr die amerikanische *Radio Corporation of America* (RCA) ein, beides Legenden der Schallplattengeschichte.

PolyGram, die Tochter des Elektronikkonzers Philips, kauft 1989 die amerikanische A&M Records für 460 Millionen Dollar. Die 1924 gegründete *Music Corporation of America Inc.* (MCA) wird Anfang der sechziger Jahre vom Filmriesen Universal übernommen, schließt 1990 einen Lizenz- und Distributionsvertrag mit BMG, wird 1991 vom japanischen Elektronikkonzern Matsushita aufgekauft und landet schließlich 1996 beim Getränkeriesen Seagram Inc., New York.

Das sind aber nur die größeren Deals. Tatsächlich frißt beständig ein Label das andere, entstehen ständig neue Verbindungen und Gruppierungen. Momentan beherrschen fünf Konzerne über 80 Prozent des internationalen Tonträgermarktes: Sony, Time Warner Inc., Philips NV, Bertelsmann Music Group (BMG) und Thorn-EMI. Dort treffen sich traditionsreiche Namen mit kaum bekannten als kleine Subgebilde einer großen Konzernmutter, wie etwa das noble Gelb-Label der Deutschen Grammophon zusammen mit Decca, Philips, Gimell oder ECM als PolyGram-Gruppe im Schoße der Philips NV, oder Virgin, Capriccio und Intercord mit Parlophone und Capitol & Chrysalis aus dem Pop-Bereich bei EMI. Dann verbinden sich damit Printmedien, Musikverlage und Rechteverwertung (wie etwa EMI mit den Rechten an sämtlichen Titeln der Beatles) mit Rundfunk, Film, Fernsehen, Video, Handelsketten für Elektrogeräte und noch manch anderem zu Imperien multimedialer Macht. Mit dem Einstieg in das Online-Geschäft beginnt (etwa für Bertelsmann) der Ausbau vom Medien- zum universalen Kommunikationskonzern.

Sony kaufte sich 1989 mit dem Erwerb von CBS-Columbia Pictures und TriStar Motion Pictures für sechs Milliarden Dollar in Hollywoods Filmindustrie ein, das gleiche machte Matsushita mit MCA, die italienische Pathe Communications Corporation, die 1991 *Metro-Goldwyn-Meyer* und *United Artists* kaufte, oder die Kirch-Gruppe. Auch im Pop-Bereich verbinden sich visuelle und akustische Medien. Die Tonträgerkonzerne EMI, PolyGram, Sony und Warner halten am deutschen Videoclipkanal *Viva* in Köln und seinem Ableger *Viva* 2 (1996) jeweils 19,8 Prozent und nutzen beide Programme als Abspiel- und Werbestation für ihre Pop- und Rockvideos.

Auf diesem Parkett toben auch die erbitterten Schlachten um technologische Strategien und Entwicklungen, denn viele dieser Konzerne bauen bekanntlich gleichzeitig die Aufnahme- und Abspielgeräte der Audio- und Videobranche, vom CD-Player bis zu den digitalen Kinoklangsystemen, sowie die Computer und Kommunikationstechnologie. Das kommerzielle Ideal ist die Konzentration von passender, »kreativer« Software und elektronischer Hardware in einer vertikalen Konzernstruktur. Deshalb folgen dem Ringen um die internationalen Standards und Codierverfahren bei Ton- und Bildmedien in Gremien wie etwa der MPEG (Moving Pictures Experts Group) stets die Kämpfe um die Durchsetzung der eigenen Entwicklungen. Hier, bei den Normen für die neue HD-CD mit bis zu 135 Minuten Spielzeit und für die CD der nächsten Generation, die *Digital Video Disc* (DVD), oder für die Decoder des digitalen Fernsehens finden die entscheidenden politischen Schlachten statt, denn hier wird über die neuen Produktmärkte entschieden.

Wie wichtig diese Thematik geworden ist, zeigt die öffentliche Diskussion. Jeden Tag sind die Zeitungen voll von den neuesten Coups der Branche. Aber während sich die Fusionen und Umgruppierungen der Musikindustrie eher im Wirtschaftsteil verbergen, beherrschen die Strategien der Mutterimperien bereits die Schlagzeilen: Bertelsmann mit

Deutscher Telekom, mit ARD, ZDF, Debis, Rupert Murdoch oder doch mit Kirch? Ted Turners *Broadcasting System* (TBS) und sein amerikanischer Nachrichtenkanal CNN endlich mit Time Warner? Wird die deutsche Telekom ihr Fernsehkabelnetz (mit 5,5 Millionen Kunden im Jahr 1996) den diversen Programmanbietern zur Verfügung stellen oder sich selbst die Programmvermarktung sichern? Werden die privaten Kabelnetzunternehmen (mit rund 11 Millionen Anschlüssen 1996) das gleiche tun? Welche Lizenzen gibt es für die privaten Sender oder die Neuorganisation der ARD, und was sagen dazu die amtlichen Kartellwächter oder Landesmedienanstalten? Die permanente Brautschau nach den lukrativsten Verbindungen im Dschungel dieser Konzentrationsspiele, die Winkelzüge ihrer Vernetzungsstrategien oder die Schocks ihrer technischen Innovationen sind nicht länger Stoff philosophischer Reflexionen oder virtueller Erkenntniskritik. Es geht um Marktanteile, Investitionen, Arbeitsplätze, Wertschöpfung und Macht. Das Musikleben ist Objekt der Medienwelt geworden, und Medienpolitik Teil der Realpolitik.

Macher und Paten

Sucht man nach einer Symbolfigur in der grandios aufblühenden multimedialen Musikwelt, so findet man keine bessere als den berühmten Pult-Titan Herbert von Karajan. Am strategischen Schnittpunkt von Stardirigententum, Musikmanagement und technischer Evolution steht er als Phänotyp der anbrechenden Medienmoderne und definiert uns genial ihre Grundmuster.

Sein Weg vom Ulmer Stadttheater zu den Berliner Philharmonikern, vom begnadeten Talent zum Generalmusikdirektor Europas umfaßt alle Stationen von der 78er-Platten-Ära der dreißiger Jahre bis ins CD-Digitalzeitalter, vom Provinzkapellmeister bis zum Großfürsten des musikalischen Jet-set. Das ist nicht allein eine staunenswerte persönliche Karriere, sondern auch ein Paradigma heutiger Musikkultur. Karajan war die Inkarnation des modernen Musikers: als charismatischer Medienstar der dirigentischen Leitfigurklasse, als Kulturmachtpolitiker und perfekter Vermarkter seiner Leistungen. Als Inhaber sämtlicher olympischen Hochsitze der europäischen Hochkultur setzten seine Strategien Maßstäbe: vom Dirigenten auf Lebenszeit der Berliner Philharmoniker seit 1956 sowie des Chors der Gesellschaft der Musikfreunde in Wien, den vielen Machtzwischenspielen bei Wiener Philharmonikern, Symphonikern und Staatsoper, der Mailänder Scala und dem London Philharmonia Orchestra, dem Herrscher der Salzburger Fest-, Oster- und Pfingstspiele, der Versammlung sämtlicher Weltstars auf seinen Produktionen von über 500 LPs allein bei der Deutschen Grammophon mit mehr als 115 Millionen verkauften Schallplatten bis hin zu den Film- und Videoprodukten seiner Spätzeit. Daß die jährlichen Tantiemeneinnahmen in seinen letzten vier Jahrzehnten immer zwischen zwei und zehn Millionen Mark lagen oder daß er – nach vorsichtigen Schätzungen – ein Vermögen von 510 Millionen Mark hinterlassen hat, zeigt nicht nur, daß er fleißig war, sondern auch, wie erfolgreich er den elitären Hochkulturbegriff am monetären Gegenwert definierte. Mit dieser »Gleichung« operierte er von Anfang an, als er für sich, seine Berliner Philharmoniker und seine Solisten grundsätzlich die höchsten Gagen im europäischen Musikbetrieb aushandelte. Damit übte er Macht über Orchester, Stars und Talente aus und setzte das Gagenkarussell in Richtung heutiger Hochpreisnormen in Bewegung.

Anne-Sophie Mutter, inzwischen internationaler Geigenstar, verdankt dieser Strategie ihre Karriere und einen Marktwert von 100000 Mark pro Auftritt.

Firmengründungen wie die Osterfestspiele GmbH, die Pfingstkonzerte GmbH und das Meisterstück der *Telemondial* mit Sitz in Monaco beweisen Karajans geniales organisatorisches Talent zur Bündelung sämtlicher künstlerischer und kommerzieller Verwertungsstrategien.

Keine der heutigen Hochkultur-Karrieren ist ohne sein Beispiel denkbar. Niemand von Format pflegt heute noch die alte asketische Idylle als Chef eines regionalen Orchesters. Man bedient die vielen Gleichzeitigkeiten einer Weltkarriere, ist, wie Karajans Nachfolger Claudio Abbado, gleichzeitig Chef der Wiener Staatsoper, dortiger Generalmusikdirektor und Gründer des Festivals »Wien Modern«, Leiter des Jugendorchesters der Europäischen Gemeinschaft und des Gustav-Mahler-Jugendorchesters, musikalischer Berater des Europäischen Kammerorchesters und natürlich prominenter Gastdirigent in allen Metropolen von Rang. Vertragliche Anwesenheitspflichten von höchstens vier bis sechs Monaten erleichtern die künstlerische Persönlichkeitsspaltung. Kein bedeutender Dirigent würde sich heute damit bescheiden, nur einen Posten zu haben. Denn das würde im Wertsystem der Jet-set-Artisten heißen, daß er erstens eben doch nicht erstrangig ist, weil es an internationaler Reputation fehlt; zweitens, daß er damit weit unter seinem erzielbaren Einkommen bliebe; drittens, daß er sich nicht die günstigsten Platten- und Medienverträge sichern könnte; und viertens natürlich, daß er niemals mit dem Drohpotential, er könne jederzeit woanders hingehen, kulturpolitische Macht hätte. Nur ein Sergiu Celibidache blieb mit seinen Münchner Philharmonikern »Solist«. Dafür hat er sie bis zu seinem Tod zum teuersten Orchester der Republik gemacht und sich mit 45000 Mark *Netto*-Gage pro Konzert (was die Stadt samt Nebenkosten und Steuern real allerdings 119000 Mark kostete) für sonstige Enthaltsamkeit entschädigen lassen.

Wegweisend waren Karajans Produktionskonzepte. Das Programm für seine Osterfestspiele – zeitweise als Gegengründung zum Bayreuth Wieland Wagners stilisiert – wurde bereits ein Jahr vorher für die Schallplatte produziert. Man probte gleichzeitig entweder fürs Konzert in Berlin oder Wien oder die Aufnahmen. Bei den (knappen) Probenzeiten für die Festspiele agierte man nach dem Playback. Rotierende Vorstellungen zwischen Salzburg, Genf und New York verwerteten die gleiche Produktion. Regie und musikalische Leitung lagen in einer Hand. Geniale Kostenkonzepte minimierten den Eigenaufwand, denn die Berliner Philharmoniker wurden aus öffentlichen Mitteln bezahlt, die Probenarbeiten von den Schallplattenfirmen, die Festspielaufführungen subventioniert, und die internationale Verwertung über Medien und TV spielte viel zusätzliches Geld ein.

Beispielhaft war auch Karajans Ausbeutung des musikalischen Repertoires. Viermal spielte er komplett Beethovens neun Sinfonien in Neuproduktionen ein. Damit demonstrierte er seine private Interpretationsgeschichte und gleichzeitig, wenigstens dreimal, die jeweiligen Fortschritte der Studiotechnik: Am Anfang stand die Mono-Langspielplatte bei EMI mit dem Londoner Philharmonia Orchestra (1951-1952), dann die Stereo-LP bei DG mit den Berliner Philharmonikern (1961-1962) und schließlich die digitale CD in der Aufnahme von 1982-1985, ebenfalls mit den Berlinern bei DG. Sie sind Dokumente des modernen Interpretationskultes, dort treffen sich das Recycling der Musikgeschichte mit der Abwehr der E-Musik-Avantgarde, der

Marktwert des Starprestiges mit dem Gewinnstreben der Plattenindustrie und das technische Musikbewußtsein der Moderne mit der Evolution der Studio-Ästhetik. Karajan war so sehr das Synonym dafür, daß man nicht »Beethoven« auf die Cover einer LP-Serie bei DG schrieb, sondern schlicht und ergreifend »Karajan HiFi«.

Sein technisches Ingenium zwischen schnellen Autos, Jachten und Jet-Cockpits machte ihn auch zur treibenden Kraft bei der Entwicklung der CD durch Sony, Philips und Poly-Gram. 1981 rief das Triumvirat zur Weltpremiere zu ihm nach Salzburg, 1982 kam die CD auf den Markt. 1987 hat Sony an seinem Wohnort, Anif bei Salzburg, sogar das erste Produktionswerk gebaut und 1991, in geweihter Nähe, das zweite Werk bei Thalgau.

Auch in der Visualisierung der Musik, einem Zentralthema der Zeit, war Karajan wegweisend. Schon 1964 gründet er mit Leo Kirch zusammen die Musikfilmfirma *Cosmotel*. Mit ihr produzierte er bis 1979 sechzig Titel, die inzwischen Kirchs Tochterfirma Unitel verwaltet. Später widmet er sich nach vielen Eurovisions- und TV-Galaproduktionen mit seiner letzten Leidenschaft der Symbiose von Musik und Videobild. Sein Vermächtnis sind die 45 Video-Produktionen mit klassischer Musik, die er von 1983 bis 1989 obsessiv produziert hat und die nach seinem Tod für geschätzte 100 Millionen Mark zur Verwertung an Sony gingen. Sie sind zuerst die Apotheose einer perfekten ästhetischen Montage-Ästhetik, von der ein Glenn Gould nur träumen konnte: Regieproben mit eigens eingeflogenen Studentenorchestern, Aufnahmeregie mit 16 verschiedenen Bildern pro Sekunde und ultramodernes Studio-Mastering mit dem Maestro als Regisseur am Computer.

Sie sind aber vor allem die perfekten Musik-Inszenierungen der Medienmoderne. Karajans Credo war immer das Studio, nie das Konzert. Es sollte ihm »einen Klang erzeugen, wie man ihn im Konzertsaal nie hervorbringen« könne. Er hat es sich erfüllt: Der Taktstockmagier inszeniert als Kunstpriester, Regisseur und fast unbezahlbarer Maestro ein auratisches High-Tech-Produkt unter Benutzung erlauchter Namen der abendländischen Musikgeschichte. Die Aura der Genien Beethoven, Verdi oder Wagner geht über auf seinen synthetischen Glanz – und dessen Zelebranten: H. v. K.

So steht Karajan am Ende einer langen Entwicklung vom funktional gebundenen Musiker-Komponisten über den autonomen Interpreten, den exhibitionistischen Virtuosen bis zum autoritären Kunstpriester. Aber er steht auch als Symbol am Anfang eines Weges, der die romantische Kunstreligion in die Welt der High-Tech-Ikonen überführt, mit dem technologischen Image neu »lädt« und durch die digitale Kulturtechnik einer multimedialen, weltweiten und lukrativen Vermarktung zuführt. Er rettet die Hochkultur als Imagefaktor – und vermarktet sie gleichzeitig als Massenkultur.

Wichtige Partner dieser Strategien sind längst die großen Künstler-Managements. Die Nachfolger der biederen Konzertagenten haben sich zu unverzichtbaren Mitspielern im Beziehungsgeflecht der weltweiten Musikvermarktung entwickelt. Auch hier läßt sich einiges beispielhaft an einem prominenten Exemplar der Spezies studieren.

Columbia Artists Management Inc., weltweit unter dem Branchenkürzel CAMI bekannt, wurde 1930 von dem Geiger Arthur Judson in New York gegründet. Unter ihrem fünften Präsidenten, Ronald Andrew Wilford, der seit 1970 amtiert, wurde sie die wichtigste und mächtigste Agentur der Welt. In 13 Abteilungen werden einige tausend Künstler betreut, beraten und »vermakelt«. Dazu gehört

die Weltelite der Dirigenten und Solisten, von Abbado bis
Ozawa, von Levine bis Sawallisch, von Carlos Kleiber bis
Tennstedt und Justus Frantz. Aber auch Mstislaw Rostropowitsch, Jessye Norman, Hermann Prey, Nigel Kennedy,
Hildegard Behrens oder Grace Bumbry – sie alle sind Wilfords Vertragspartner. Und natürlich hatte auch Herbert
von Karajan schon in den dreißiger Jahren seine Geschicke
mit CAMI verbunden und wurde später zu Wilfords
größtem Kapital in Europa. Die Tätigkeiten umfassen und
kombinieren alle Strategien des Metiers. Dazu gehört pro-
fessionelle Öffentlichkeits- und subtile Hintergrundarbeit,
Karrieremanagement und Betreuung, Besetzungs- und Medienpolitik.

Eine bestechende Mischung von PR-*Commercial*, Geniekult und Information sind etwa die TV-Porträts »Karajan
und Salzburg« zu Karajans achtzigstem Geburtstag (1988)
oder »Horowitz – The Last Romantic«, sämtlich produziert von CAMI Video. Das Karajan-Porträt wurde zur
Standard-Hommage der europäischen Fernsehanstalten,
und auch der Horowitz-Film, 1985 produziert vom Vize-
präsidenten der CAMI, Peter Gelb, war nur scheinbar ein
intimer Einblick in das Leben der Klavierlegende in seinem
Haus an New Yorks 95. Straße. Tatsächlich diente der Film
als wichtiges PR-Zugpferd einer letzten Comeback-Strate-
gie für Horowitz. Er lief weltweit in Dutzenden von TV-Kanälen; sein gleichnamiger Soundtrack wurde als CD von
PolyGram bis Ende 1989 mit über 400 000 Stück verkauft.
Dank seiner wurde auch das spektakuläre Moskau-Kon-
zert 1986 mit der Verwertung in allen europäischen und
amerikanischen TV-Kanälen und dem CD-Mitschnitt ebenso ein riesiger Erfolg wie die nachgeschobenen »Studio Re-
cordings« von 1985. Auch die Aufnahme des Klavierkonz-
zertes A-Dur von Mozart (KV 488) mit dem Orchester der

Mailänder Scala 1987 unter Carlo Maria Giulini für die Deutsche Grammophon profitierte davon. Sogar die CD »Horowitz at Home« des gleichen Labels von 1989 zehrte noch von diesem Effekt, während seine letzte Platte bereits wieder bei Sony Classical erschien. Dort ist Peter Gelb inzwischen der Chef.

Viel diskreter, weil viel wichtiger, sind die kunstpolitischen Strategien. Mit ihnen entwickelt die Agentur musikalische Potentiale über lange Strecken bis zum ruhmreichen, hochdotierten Erfolgsprodukt. Die Karrieren etwa von James Levine oder Klaus Tennstedt sind das Ergebnis langfristiger und sorgfältiger Planung über viele Stationen der musikalischen Hochkultur. Wilford hat die Zeichen der Zeit erkannt und setzt konsequent auf die Dirigenten als Zentralfiguren des heutigen Musiklebens. Das erweist sich als besonders effektiv für die eminent wichtige, aber topsecret gehandhabte Personalpolitik der Besetzungen. Mit den Dirigenten als Königen im internationalen Schachspiel und einer großen Auswahl an Springern, Türmen und Bauern im eigenen Fundus lassen sich alle lokalen Partien spielen. Damit koppelt man manche Verträge zwischen Solisten und Orchestern oder zwischen dem Star X und dem Talent Y und baut so Karrieren, Netze und Marktkonzepte.

Das fulminante Konzert von PR-Rummel, Produktions-, Medien- und Besetzungsstrategien wurde in seiner Hochform im Salzburg der Karajan-Ära gespielt. Die Anwesenheit von Wilford, Karajan, den Topleuten der Plattenfirmen und Medien, den Stars aus Kunst, Hochfeuilletons und Hochfinanz bezeichnete sein Nachfolger Gérard Mortier kühl als »mafiosen Zustand«. Inzwischen diagnostiziert ein englischer Musikjournalist: »Die Plattenindustrie ist in die Hände von Waffen- und Glühbirnenherstellern gefallen, die Künstler haben die Kontrolle verloren« (Norman Lebrecht). Wie gut, daß die Hochkultur noch immer so viel Attraktivität hat.

Die digitale Hochzeit

Der digitale Wandel und die dadurch ermöglichte Vernetzung der Systeme schaffen neue Strukturen. Im Rundfunk- und Fernsehprogramm der Zukunft kann sich durch Kabel oder Internet bald jeder sein Programm selbst machen. Auch Bezug und Austausch von »Musikdaten« sind damit nicht mehr an den materiellen Tonträger der CD gebunden. »Music on Demand« heißt ein Technologie-Konzept, in dem der Konsument per Knopfdruck beliebige Musiktitel aus den Datenbanken der digitalen Musikarchive abrufen und sich in seinem heimischen »Entertainment Center« zusammenstellen kann. Mit Hilfe der wiederbespielbaren CD kann er sich davon perfekte Kopien anfertigen – eine ungeahnte Legalisierung der Musikpiraterie, deren Raubkopien längst Teil des Musiklebens sind.

Auch hier triumphiert die Hochzeit von Medien, Netzen und Personalcomputer und wird bald die Strukturen des Musikmarktes verändern. So wollen die Plattenfirmen ihre Produktionen ohne Rundfunkanstalten direkt ins Datennetz bringen, andererseits die Hörfunksender aber einen Teil ihres Programms dort vermarkten.

Mittels Soundkarte und passendem Treiber ist man auf Internet schon dabei: Tausende von Klassik-CDs, 86 Sinfonieorchester und ein Schallarchiv mit fast 2000 MIDI-Dateien (1996) bescheren Klänge, deren Qualität allerdings noch Raum für Utopien läßt. Als Variante des Online-Radios gibt es in Deutschland bereits das »Personal Radio«

(Hörfunk live oder *Audio on Demand*), und die Planung geht zu einer Verbindung von Online-Diensten und *Digital Audio Broadcasting*. Durch Verbesserungen wie größere Netzbandbreiten und ausgefeilte Datenkompression wird sich Musik irgendwann sogar in HiFi-Stereo-Qualität übertragen lassen.

Bei Abruf aus Datenbanken begleitet ein *International Standard Recording Code* (ISRC), bereits 1992 von der *International Federation of the Phonographic Industry* eingeführt, jede »Aufnahme« und erlaubt, wie eine Telephonnummer, jederzeit ihre Identifikation und sekundengenaue Erfassung. Gleichzeitig ermöglicht der Code auch Zugang zum *International Standard Recording File* (ISRF), der als zweiter Grundpfeiler des Systems die kompletten Datensätze mit weiteren Einzelheiten der Aufnahme enthält. Das betrifft technische Details, die Verwertungs- und Leistungsschutzabrechnungen, dazu die Nutzerverbindungen von den Rundfunkstationen bis zu den Archiven, von den Verlagen bis zu allen Tochtergesellschaften.

Das ist ein Triumph der individuellen Freiheit. Das System ermöglicht zudem eine schnelle Kontrolle über Urheber- und Leistungsschutzrechte und das Inkasso der Vergütungen. Der automatisierte Datenaustausch zwischen Tonträgerherstellern, Archiven und Medienanstalten macht dezentrale Redaktionen und Archive überflüssig; das ist ein Verlust an struktureller Kreativität und gewachsener Individualität. Dafür können die Sendeprotokolle automatisiert werden; das ist ein Plus für die kostensparende Rationalität – und natürlich für die Marketing- und Quoten-Leute, die exakt wissen, wer wann und wo etwas hört oder sieht: die perfekte Liaison von Produktkontrolle, Quotenwissen und Programmgestaltung.

Die rasante Entwicklung des Medienmarktes und der Aufbruch in die digitale Kommunikationswelt verändern die gesamte Kulturpolitik. Die öffentliche Kulturlandschaft gerät unter den Druck der privaten, die von den Medienkonzernen bestimmt wird. Diese aber können, wollen und müssen damit Geld verdienen, riesige Investitionen finanzieren und Gewinne erwirtschaften. Werbung, Abonnenten-TV oder -Radio und Rechteverwertung sind die primären Einnahmequellen dafür.

1996 gibt es in der Bundesrepublik Deutschland 146 sogenannte Kulturorchester, 90 davon sind Opernorchester. Sie werden noch fast vollständig von der öffentlichen Hand, also von Städten, Kommunen und Ländern, finanziert. Viele Bundesländer, die nach dem föderativen Aufbau der Republik für die Kultur zuständig sind, haben die Kultur als Verfassungsgebot in ihren Verfassungen stehen. Der »Kulturstaat« manifestiert sich ganz konkret in Kulturpolitik und Haushaltsetats. Ähnliches gilt für die Rundfunkanstalten und Fernsehsender mit öffentlich-rechtlichem Auftrag. Diese Strukturen stehen jetzt im Sog eines neuen »Marktes«; die Tage der Rundfunkstaatsverträge scheinen gezählt, die Kulturprogramme und Rundfunkorchester suchen nach neuen Finanzierungskonzepten.

Eine Zwischenstufe auf dem Weg zur brutalen Gewinn-und-Verlust-Rechnung der totalen Marktwirtschaft ist das private Sponsoring. Das Vorbild ist Amerika, obwohl die vornehmere abendländische Spielart des Mäzenatentums von Beethoven bis zu den Salzburger Festspielen schon immer Kulturleistungen ermöglicht hat. Aber weil es inzwischen mehr um Kommerz geht als um Kunst, gewinnt das amerikanische Modell immer mehr an Attraktivität, obwohl es historisch auf völlig anderen Voraussetzungen beruht. Während in Deutschland noch knapp 96 Prozent der Kultur durch die öffentliche Hand finanziert werden, sind es in den USA nur 10 Prozent. Die Gesamtetats der einzigen beiden staatlichen Institutionen liegen unter dem, was größere europäische Metropolen allein ausgeben: Das *National Endowment for the Arts* (NEA) erhielt 1995 ganze 162 Millionen Dollar aus Washington, das *National Endowment for the Humanities* (NEH) 172 Millionen Dollar. Inzwischen wurden beide Fonds um 30 Prozent gekürzt.

Oft ermöglichen zwar Kopplungen von staatlichen und privaten Geldern (*matching funds*) bestimmte Projekte nach der Formel: der Staat beteiligt sich mit dem gleichen Prozentsatz wie die Sponsoren. Aber generell wird auf die freie Finanzierung gebaut. Kein Wunder, wenn der Mann, der das Geld auftreibt, der *Fundraiser*, bei den Orchestern und Opernhäusern, an den Theatern, Museen und Universitäten zur wichtigsten Institution wird. Kein Wunder auch, daß die Gremien der *boards* und *regents* nicht flaue Repräsentationsämter sind, sondern der einflußreiche Machtclub des Geldes. Zubin Mehta stöhnte als Chef der New Yorker Philharmoniker: »Statt mit den Musikern zu reden, muß ich mit juwelenbehängten blauhaarigen Greisinnen Smalltalk machen.«

Auch in Europa ist das Sponsoring längst ein wichtiger Bestandteil des Musiklebens. Das reicht vom Förderkreis der Salzburger Fest- und Osterfestspiele mit den Granden aus Vorstandsetagen von Industrie und Hochfinanz bis zu den PR- und Kulturmanagern großer Konzerne wie Siemens, Sony, Mercedes, BMW oder Audi sowie kleinen und großen Banken. Man hilft projektbezogen, bei großen Tourneen der Spitzenorchester, bei Festivals oder auch bei Einzelkonzerten kleinerer Konzertagenturen, bei CD- und Film-Produktionen. Aber auch der berühmte Chefdirigent des Rundfunkorchesters einer bedeutenden öffentlich-rechtlichen Anstalt bezieht sein Jahressalär von 6 Millionen Mark zu 80 Prozent über eine geschickte Sponsoring-Konstruktion. Wen wundert es, daß der Wert vieler Festival- und Orchesterintendanten nicht in ihren administrativen Fähigkeiten liegt, sondern im Spürsinn für potente Geldgeber und gerissene Finanzierungsmanöver.

Das marktwirtschaftliche Konzept hat den Reiz des Unmittelbaren und Innovativen. Es verspricht die Befreiung vom Joch staatlicher Bevormundung und behördlicher Gängelung. Aber was auf den ersten Blick wie ein Mehr an Demokratie aussieht, ist in Wirklichkeit kein ganz ungefährliches Weniger. Beide Finanzleistungen werden letztlich aus Steuergeldern erbracht. Im Falle des Staates direkt, im Falle der privaten Gelder indirekt, über das Absetzen von der Steuerschuld. Dafür ist der Zugriff der Sponsoren auf die Kultur aber direkt. Ob er immer ohne Einflußnahme bleibt, ist fraglich. Auch in Europa bleibt es nicht bei der subtilen Phase der großen, diskreten Förderungen und Stiftungen aus Industrie und Wirtschaft. Am Anfang geht es nur um den Transfer positiver Imagewerte: die Verbindung nobler Hochkulturgüter und eigener Markenartikel in einem wirksamen Corporate-Identity-Konzept, den kulturellen Nimbus von h-Moll-Messe oder Anne-Sophie Mutter für die Insignien von Mercedes, BMW, Audi oder Sony. Dann geht es aber bereits um die Verwendung bestimmter Autotypen bei allen Aktivitäten eines Orchesters, der Versorgung eines wichtigen Kundenkreises mit raren Karten oder die Einbindung in komplexe PR-Konzepte. In den USA, Vorbild des Genres und Vorhut seiner Tendenzen, wird auf Programm, Besetzung und Management bereits Einfluß genommen. Kein Orchester- oder Opernchef wird dort ohne die Sympathie der mächtigen Kultursponsoren gekürt. Kein kultureller Hobby- oder Lobby-Magnat verzichtet auf sein imageträchtiges Gewicht. Mit der Unbefangenheit desjenigen, dessen Finanzmacht Kultur überhaupt erst ermöglicht, werden an Eliteuniversitäten opportune Kandidaten gefördert, andere abgeschreckt, private Skandale von Chefdirigenten vertuscht oder auch nicht, und bewährte Orchester über Nacht nach Hause geschickt.

Dabei ist die Effizienz häufig geringer als im deutschen System. Die Lyric Opera in Chicago spielte 1996 mit einem Gesamtetat von 35 Millionen Dollar (wovon je eine Hälfte mit Eintrittsgeldern, die andere durch Sponsoren bestritten wird) nur acht verschiedene Opernproduktionen. Die Bayerische Staatsoper aber präsentiert 1996 mit 112 Millionen Mark Jahresetat (bei 32 Prozent Erlöse durch Eintritt) 36 verschiedene Produktionen und 24 Ballette.

Doch die Privatisierung entspricht dem Zeitgeist. Der Trend betrifft traditionelle staatliche Unternehmungen wie Post und Bahn: vielleicht, weil das teuerste Gut der westlichen Gesellschaft, die Dienstleistung, nicht mehr bezahlbar ist, vielleicht weil historisch gewachsene Strukturen zerfallen. Ob sich Fürst Lobkowitz oder die Gonzagas, die Medici-Herzöge, der Dresdner Hof oder Ludwig der II. durch Sony, La Roche, Volkswagen oder den Schnapshändler um die Ecke ersetzen lassen, wird sich zeigen.

Für die Kultur bedeutet das nicht den Anbruch eines neuen, glorreichen Mäzenatentums, sondern neue Herrschaften. Die wichtigsten sind aber nicht die neuen Sponsoren, sondern Konzerne wie Kirch, Bertelsmann oder Time Warner. Das bedeutet vor allem neue kommerzielle Verwertungsstrategien.

Zuerst kommt jetzt der Markt, denn nur ein großer Markt verspricht große Gewinne. Das verstärkt den Trend zur Musik als Konsumgut für ein Massenpublikum und dessen Bedarf: viele Programmkanäle, neue Zielgruppen, eine hohe Tonträgerproduktion.

Das erfordert eine verstärkte Ausbeutung des vorhandenen Musikpotentials und die Erzeugung von neuem. Die Schatzkammer der historischen Musik wird zum Tresor der Verwertungkonzerne. Beethovens Sinfonien nicht als Bewährungsprobe an der Hochkultur, als Paradestück der Stardirigenten und Eliteorchester, sondern als unentbehrlicher Programmfundus und verläßlicher Goldesel der Medien.

Historische Wahrheitssuche als Marktdynamik

Auch der hektische Reigen der historischen Interpretationsschulen scheint mehr Teil der Marktdynamik als einer heiß entbrannten Leidenschaft zur geschichtlichen Wahrheit. Freilich verbinden sich hier der Aufstieg der »wissenschaftlichen Interpretationspraxis« zur Deutungsmacht und die Dynamik der Marktausbeutung zu einer delikaten Union. Sie verwandelt den diskreten musikwissenschaftlichen »Aufführungsversuch« alter Art zu einem ostentativen »Event« der neuen Early-Music-Szene und stiftet eine ergiebige CD-Produktionsgemeinschaft.

Die Musikwissenschaft legitimiert aber den theoretischen Interpretationsstreit, etwa bei der Barockmusik, nur als Folge der Spannweite des historischen Werkbegriffs, nicht als Alibi für ein inflationäres Lesarten-Karussell, das dem Markt mehr dient als der Musik. Dieser Werkbegriff war, wie erwähnt, wesentlich ein »Aufführungsbegriff« und liefert wenig Rechtfertigung für die doktrinären Absolutheiten, mit denen einige Schulen und manche Gurus ihre jeweils »authentischen« Versionen propagieren.

Bei Bachs Vokalwerken haben sich beispielsweise nach dem Abdanken der großen sinfonischen Besetzungen in Chor und Orchester innerhalb der »originalen« kleinen Besetzungen schnell die unterschiedlichsten Richtungen entwickkelt. Nach Harnoncourts und Leonhardts spröder »Klangrede« der sechziger Jahre und Chören von 20–30 Sängern bei Gardiner, Norrington, Herreweghe oder Brüggen kommen Joshua Rifkin, Andrew Parrott oder Jeffrey Thomas zu einer Minimalbesetzung der Chöre mit zwei Sängern pro Stimme im Tutti. Sie schließen aus dem gleichen Quellenbefund ganz anderes als ihre Vorgänger – oder Konkurrenten. Während nämlich die einen mit einem quasi naturwissenschaftlichen Ansatz die Gleichung aufstellen: *eine* überlieferte Stimme entspricht *einem* Sänger, argumentieren die anderen aus dem historischen Kontext. Dort wird die nackte Quellenüberlieferung zur exakten Datenbank, die ein positivistisches Ästhetik-Konzept erzeugt, hier berücksichtigt man die Einbettung der Quellen in ihren Hintergrund: die Beschwerde Bachs beim Rat der Stadt Leipzig über seine wenigen Musiker (1730), die Berichte über Aufführungen und Besetzungen der Zeit und die Tatsache, daß mehrere Sänger aus einer Stimme singen konnten.

Momentan hat die »positivistische« Auslegung Konjunktur und beherrscht, unter angelsächsisch-niederländischer Führung, Aufführungspraxis und Markt. Die Auseinandersetzung mit dem Werk wird vom Spezialisten-Diskurs der »wissenschaftlichen Interpretationspraxis« bestimmt, nicht vom Ringen der Künstler. Aber erst die Dynamik der Vermarktungsstrategien macht ihn zur klingenden CD-Realität.

Währenddessen rüsten andere Interpreten die Besetzungen bereits wieder auf (wie etwa Ton Koopman für seine 1995 begonnene Gesamtaufnahme der Bach-Kantaten bei Erato). Daneben bestehen, als Teil unseres pluralistischen Musiklebens, selbstverständlich die älteren Bach-Bilder weiter, sei es als andere Lesart (wie bei den Aufnahmen von Karl Richter, Helmuth Rilling, Eric Ericson oder Enoch zu Guttenberg) oder in den historischen Aufnahmen aus den Archiven von Mengelberg, Coates, Weisbach, Furtwängler bis Klemperer oder Jochum.

Aber das erfolgreiche Produkt der »originalen« Aufführungspraxis stürmt weiter. Nach Hammerklavier, Darmsaiten und kantiger Artikulation für Mozart und Beethoven hat sie inzwischen Schubert, Brahms, Berlioz und Rossini erreicht. Neue Ensemblegründungen (wie das zuerst für die Glyndebourne Festival Opera und Simon Rattle zusammengestellte »Orchestra of the Age of Enlightenment«, das »Orchestra of the 18th Century« oder »The Hanover Band«) streben nach den »authentischen« Klangbildern von Wiener Klassik und Romantik. Roger Norringtons spektakulärer Auftritt mit den »London Classical Players« bei den Salzburger Festspielen 1989 setzte Zeichen für die neue Lesart von Beethoven und Schubert. Gabriele Ferro mit der »Cappella Coloniensis« trägt den Ansatz mit seinen Rossini-Interpretationen bis in den Belcanto-Bezirk der Oper des 19. Jahrhunderts.

Schon macht man sich Gedanken über die historisch-korrekte Wiedergabe von Edward Elgar und der Orgelwerke von César Franck. In den USA hat sie sogar das »klassische« Entertainment erreicht. Dort bemüht man sich intensiv um die »originalen« Fassungen der Melodien Gershwins und alter Broadway-Musicals.

Damit ist eine Veränderung der musikgeschichtlichen Sicht verbunden. Zunächst war nur die »vergessene« Musik aus »diskontinuierlichen Traditionen« (Carl Dahlhaus) Objekt der historischen Aufführungspraxis. Damit war eine Musik gemeint, die nach einem vollständigen Traditionsbruch, also in einer völlig veränderten historischen

Situation, wiederaufgeführt wurde, wie zum Beispiel die von Bach oder Monteverdi. Inzwischen wird auch im Namen von Musik aus den »kontinuierlichen Traditionen« Anspruch auf »originale« Wiedergabe erhoben. Das betrifft die Wiener Klassik und Romantik, eine Musik, die seit ihrer Entstehung nie aus dem Konzertleben verschwunden ist. Sie hat sich zwar in ihrer Aufführungspraxis verändert, ist aber nie Objekt historischer Rekonstruktion geworden. Jetzt aber wird sie uns durch die »Aufführungspraxis« neu entdeckt.

Das bedeutet, daß die Musikhistorie unter dem praktischen Aspekt des »Originalklangs« neu thematisiert wird. Hier nimmt der Bedeutungswandel vom *Nomos* des musikalischen Satzes zum *Modus* seiner Aus- und Aufführung als die kluge Unterscheidung zwischen »statischer« Kompositionsgeschichte und »dynamischer« Aufführungsgeschichte ganz plastische Gestalt an. Das bedeutet aber auch eine neue Akzentsetzung von »progressiv« und »konservativ«. Bislang wurde die Entwicklung der Instrumente und Spieltechnik — von den empfindlichen, klangmatten und häufig verstimmten Darmsaiten zum sinfonischen Klangbild des modernen Orchesters, vom Hammerklavier zum Steinway, vom kicksenden Naturhorn zum zuverlässigen Ventilhorn — stets als ästhetischer Fortschritt gepriesen. Er war der Garant einer Evolution der künstlerischen Ausdrucksfähigkeit, die schließlich im Orchester der Spätromantik und endlich im Klangforscher der Avantgarde zu neuen Ufern geführt hatte. Jetzt wird der »Fortschritt« mit dem Verlangen nach der historischen Simulation des fragilen, »alten« Klangapparats konfrontiert. Das führt unvermeidlich zur weiteren Aufspaltung des Musiklebens, denn die Realisierung des jeweiligen historischen Ambientes bedarf ganz unterschiedlicher Ensembles, Spielpraktiken, Musiker und

Konzerträume. Der weitere Zerfall von Musikgeschichte und Musikleben liefert neuen Treibstoff für die Interpretationskultur und ihre Vermarktung.

Weltkultur als Vitalspritze

Ein anderer wichtiger Beitrag zum Pluralismus und zur Vergrößerung des Repertoires ist die Verschmelzung der einzelnen Musikprovinzen zur Weltkultur. Es sieht aus wie eine Analogie zur weltweiten Vernetzung durch Kommunikationstechnologie und Medienverbund, wenn sich auch das Musikleben als »Multikultur« globalisiert. Nach der Ausbeutung der eigenen Historie hat die Verwertung der anderen Kulturen begonnen. Objekt ist die sogenannte *Traditionelle Musik* aus den verschiedenen Kulturen der Erde. Sie wird aus ihrem jeweiligen ethnischen Wurzelgrund mit seinen kulturellen Bezügen ebenso gelöst wie die historische Musik aller Zeiten. Das gleiche Schicksal widerfährt täglich neuen Pop-Stilen, denn auch Hip Hop, Rap, House oder Acid-Jazz hatten als Protestmusik von Bewohnern der afroamerikanischen Ghettos in South Los Angeles oder der Bronx gegen die weiße Oberschicht ursprünglich ganz andere Wurzeln. Als fremder, frei verfügbarer Reiz konkurriert »Ethno« in der globalen Musikarena jetzt mit der Exotik naher und ferner Historie, Vermischung nicht ausgeschlossen. Dort erlebt diese Musik vor der fortschreitenden Assimilierung ihrer Intervall- und Tonalitätsstrukturen in unserer westlichen Hegemonialmusik und ihrem Untergang in der abendländischen Medienarena noch eine letzte Blüte. »Weltmusik« ist längst ein eingeführtes Etikett des Handels.

Das exotische Rinnsal der Jahrhundertwende aus musikethnologischen Fundstücken der Kolonialzeit, ungarischer Pentatonik und indonesischem Gamelan hat sich zu einer vitalen Teilkultur unseres Musiklebens entwickelt. Nach den Anleihen bei Bartók, Kodály, Strawinsky, Debussy oder Orff führt der Weg zu Messiaën oder Cage und alle Arten von Verschnitten mit den Genres der »Erdenmusik«. Derzeit wird dieser Bereich auch zur Vitalkur für die Cross-over-Strategie der E-Musik-Branche und sogar die Avantgarde. Ein Beispiel ist Tan Duns Opernspektakel »Marco Polo«, das Publikum und Kritik in den ausverkauften Sälen der Münchner Biennale 1996 hingerissen hat. Der 1957 geborene chinesische Komponist mischt in seiner zweiten Oper die exotische Stilsphäre der Peking Oper mit indischer Tablamusik und tibetanischem Oberton-Gesang, italienischen Barockarien und Inspirationen von Cage, Takemitsu und Schostakowitsch. »Ich will nicht nur die Sprachen mischen, sondern auch die Seelen«, sagt er.

Auch das CD-Repertoire blüht auf. Bei den »Global Sounds« und »Live Music from all Continents« (wie es das Label Wergo als Spartenbegriff formuliert) vereint sich Sufi-Musik von Sindh mit dem Meister des Persischen Satoor und den »Working Songs from Jamaica«. Traditionelle jiddische Klezmer-Musik von Giora Feidmann oder den Epstein Brothers trifft sich im »Haus der Kulturen der Welt« mit Nadhaswaram aus Südindien und Volksmusik aus Georgien oder mit Mizwad-Musik, den Dudelsackmelodien aus Tunesien. Die Alloco Band führt uns Klänge von der Elfenbeinküste vor, in der »Tarabu«-Musik der Kenianischen Swahili mischen sich Vierteltöne, arabische, spanische und indisch-pakistanische Klänge.

Ravi Shankar machte uns mit den Ragas der indischen Musik auf der Sitar bekannt, jetzt gibt es Ragas auf der »Tabla Tarang«, einem Instrument, das aus 10 bis 16 gestimmten

Tabla-Trommeln besteht und dem Spieler erlaubt, Melodien über zweieinhalb Oktaven darauf zu spielen.

Unter dem gleichen Motto vollzieht sich auch das kapriziöse Crossover zwischen Ethno, Jazz und Pop, der extravagante Verschnitt unserer klassischen Musik mit arabischer, aber auch die Annäherung an die Meditationsmusik (»Musik aus der Stille«, »Silent Beauty«, »Klang der Natur«) oder die Szene des akustischen Okkultismus (mit den »Urtönen« der Planetenschwingungen von Joachim-Ernst Berendt oder »Kundalini Meditation« von Chaitanya Deuter).

Der stark von nationalen und kulturpatriotischen Impulsen bestimmte Historismus des 19. Jahrhunderts entwickelt sich zum musikalischen Universalismus. Der dekonstruiert unbekümmert die vertrauten Kontexte, aber auch die Dogmen der Moderne und vitalisiert damit die alten Klänge der westlichen Musikkultur.

Begünstigt wird der musikalische Schmelztiegel durch eine anhaltende Diskussion der kulturellen Wertesysteme. Auch hier zerfällt die Historie in Pluralismus und Teilkulturen. In Ländern mit ethnisch vitalen Gruppen, wie etwa den USA, kommt die traditionelle Vermittlung des »weißen, eurozentristischen« Kanons der Hochkultur in schwere Bedrängnis. Hier ist eine Verschiebung von der abendländischen Geschichtsmetaphysik zu einer neuen Menschheits-Anthropologie im Gange, die ihre Werte kulturspezifisch definiert: ein neuer Paradigmenwechsel. Damit wird das erlauchte Erbe unserer Musikgeschichte schlicht zur *Traditionellen Musik* europäischer Stämme. Die Gleichberechtigung kultureller Leistungen und ihre wechselseitige Anerkennung in einem humanistischen System der Toleranz ist vielleicht das Hochbild dieser Entwicklung. Als »Political Correctness« eines hemmungslosen Werterelativismus im

Nullsummenspiel stets gleichberechtigter Meinungen wird sie aber eher zum Zerrbild. Die Austilgung der »DWEMs«, dem deftigen amerikanischen Campus-Kürzel für »Dead White European Males« wie Platon, Sokrates, Kant oder Shakespeare, ist die eine Seite, die Aufnahme großartiger afrikanischer Stammeskunst als »art premier« in die erlauchten Sammlungen des Louvre die andere. Hier werden Abgrenzungen, Konturen und Identitäten aufgelöst, aber auch neue Integrationsmuster geschaffen. Es bleibt abzuwarten, ob Reggae, Hip Hop, Music from the World of Osho, spirituelle Bauchtanz-Musik oder Fidel Castro so identitätsstiftend werden können wie Bach, Mozart, Wagner, Shakespeare oder Lincoln.

Die Karriere des Entertainment oder: »U« schlägt »E«

Im bunten Pluralismus von historischer Revue, »Weltmusik« und Crossover zeichnet sich, besonders in den Medien, immer stärker ein neues Regiekonzept ab: der Unterhaltungswert. Wie eine Generalsignatur überformt es das moderne Kulturleben, verstärkt bestimmte Tendenzen, nivelliert andere unauffällig, aber nachhaltig und verändert Bedeutung und Inhalte: *Entertainment* muß sein.

Seine kraftvolle Dynamik geht von jenem »unteren Rand« des pluralistischen Musikspektrums aus, das sich im 19. Jahrhundert ausgebildet hatte – und von den Programmkonzepten der Medien.

Das zunehmende Auseinanderfallen des Musiklebens in »oben« und »unten« bis zur Polarisierung in Hoch- und Subkultur, vor allem aber die Trivialisierung des »unten« im 19. Jahrhundert hatte eine neue Definition von »Unterhaltung« eingeleitet. Das führte, mit der Trennung von

»alt« und »neu«, zugleich zur Ausbildung weiterer Teilkulturen.

Aus einer relativ einheitlichen musikalischen Semantik für »oben« und »unten«, für Gassenhauer und Kunstlied, entwickelte sich die U-Welt, die mehr und mehr den Bedürfnissen des Massengeschmacks diente. »Unterhaltung« erfuhr jene Umwertung, aus der heute die böse Verdächtigung entsteht, Oper, Konzert und Gesang hätten früher nicht »unterhalten«, sondern angestrengt oder gelangweilt. Sie macht aus Vivaldis »Jahreszeiten«, Haydns Divertimenti, Mozarts »Kleiner Nachtmusik« oder Pergolesis »La serva patrona« jene Bedrohung einer sinistren E-Musik, von der man sich bei Heino, La Montanara oder der Schlagerparade erholen muß. Aber nicht diese Musik hat ihren Stellenwert verändert, sondern *wir* haben uns verändert – und mit uns das Musikleben.

Jetzt wird diese Schicht von den Inhalten und Mitteln der Moderne besetzt und weiter differenziert. Ihre Muster kommen in der zweiten Jahrhunderthälfte nicht mehr aus Wien oder Paris, sondern aus den USA. Dort hatte schon Charles Ives im Bereich der E-Musik die Annäherung von Beethoven und Ragtime gefördert und mit seinen Zitaten aus der amerikanischen Folklore die »Fusion« von Jazz, Blues, Folksongs und Sinfonie salonfähig gemacht. Das kulturelle Grundrauschen der Zeit tönt englisch und poppig. Längst ist die angelsächsische Kultur zum gemeinsamen Nenner des Massenpublikums und der Jugend geworden und überlagert als globales Idiom alle Bereiche von Film, Video und U-Musik. Obwohl die Dance-Musik deutscher Herkunft zu einer internationalen Repertoirequelle geworden ist, werden die Charts und Hitparaden genauso davon beherrscht wie Namen, Texte und Musikstil der inländischen Bands.

Zu den sentimentalen Kitsch-Produkten der musikalischen Gartenlaube des 19. Jahrhunderts gesellen sich die exotischen Ethno-Klänge, die schillernden Crossover-Erzeugnisse und die elektronischen Sound-Produkte des 20. Jahrhunderts. Als akustische »Oberfläche« von Musik waren sie mit ihrer technisch fabrizierten Semantik von der musikalischen Bedeutung unabhängig und beliebig einsetzbar geworden. Es scheint, als hätte die »U-Schicht« dadurch ungeahnten Spielraum erhalten. So wie sich raffinierte Science-fiction, aber auch makabrer Sex and Crime und blanker Horror als anerkannte Genres filmischer Kreativität mit dem bürgerlichen Prädikat »Unterhaltung« etablieren konnten, brutalisiert sich auch das Sound-Genre in Extreme. Folgerichtig werden Techno, die Disko-Szene und die Raver-Festivals auch nicht mehr unter »Musik« abgehandelt, sondern als zeitgemäße Art von »Jugendkultur«. Deshalb geht es dort nicht um Ästhetik, sondern um Drogen, Hörschäden, die steil ansteigende Unfallrate bei Disko-Fahrten am Wochenende und die Müllentsorgung nach den Events.

Hat diese orgiastische Unterschicht noch einen Platz in dem, was uns als Musik*kultur* überliefert ist, oder ist sie längst eine autonome Teilkultur wie die Avantgarde?

Kann die neue Erweiterung des Spektrums noch in das Modell von Hochkultur und Subkultur integriert werden, ohne daß es als untaugliche Farce und Spießbürgerklischee zerbricht?

Hier fällt der Blick auf die »E«-Seite des zeitgenössischen Musikschaffens. Gibt es hier eine Gegenmacht, die Widerstand leistet, bedeutungsvolle »Hochkultur« verkörpert, normative Alternativen zur brodelnden »U«-Szene formuliert oder Bezüge stiftet?

Kein Zweifel, daß die E-Musik der Moderne den Anspruch der historischen wahrt und tradiert. Ihre konsequente Evolution der Satzlogik folgte einer einsehbaren, historischen Notwendigkeit. Ihr Ethos hat den Ehrgeiz der alten Musik, das Pathos der romantischen und den Reiz des Neuen. Aber ihr analytisches, dissoziiertes Bewußtsein vom »Ich« wird zum Ausdruck eines musikalischen Menschenbildes, das kaum Identifikation stiftet.

Kein Zweifel auch, daß sie »Widerstand« leistet im Namen der alten »Normen«. Aber zur »Klassik« hat sie es, fast hundert Jahre nach Schönbergs Umsturz, nicht gebracht – vielleicht, weil der kein Wandel war, sondern ein glatter Paradigmenwechsel. Der »Widerstand« besteht, wie ihre eigenen Äußerungen zeigen, in der Abgrenzung: mehr Verweigerung des Dialogs als Angebot einer als wichtig empfundenen Botschaft, mehr Antithese als These. Er definiert sich eher an Kommunikationsentzug und »Sprach«-Verzicht als am Bemühen um Nachvollzug. Er definiert sich zwar im gleichen Geist wie der von Bach, Mozart oder Beethoven – und meint doch offenbar etwas völlig anderes.

Die Tonwelten der Avantgarde haben den Fluchtbewegungen in Historismus, Universalismus und Popmusik, dem Eskapismus der Vermarktung und Vervielfältigung wenig Eigenes entgegengesetzt: Sie treffen den Menschen nicht mehr. Die schnelle Desintegration ihrer faszinierendsten Ordnungssysteme illustriert es ebenso wie die immer subjektiveren Privatidiome, der Stilpluralismus und die uferlosen Verschnittformen mit der Musikgeschichte. Deren »verderbte« Glorie stiftet mehr Bezüge und Rechtfertigungen als je zuvor.

So stehen wir vor einem seltsamen Paradox: Genau die Musik, die ihre historische Karriere als ästhetische Abspaltung und Reduktionsform älterer Komplexität begann und inzwischen als Verkörperung akustischer Massenware das Musikleben beherrscht, *trifft den Menschen offenbar noch.*

Sie erringt seine Aufmerksamkeit, nicht nur, weil sie laut und simpel ist, sondern weil sie offenbar unverzichtbare Grundelemente musikalischer Bedeutung bewahrt.

Wenn ein Kritiker doppeldeutig über die Nostalgie eines postmodernen Konzertpublikums meint: »Das Heimweh nach der Melodie treibt das Publikum in die Arme von Brahms, Tschaikowsky, Dvořák und Smetana«, dann stellt er nichts anderes fest als der zeitgenössische Komponist Hans-Jürgen von Bose. Der antwortet 1996 in einem Interview auf die Frage, ob es an den Komponisten oder am Publikum liege, daß sich die meisten Menschen nicht für die zeitgenössische Musik interessierten, heftig: »Es liegt ausschließlich an den Komponisten, die den Kredit restlos verspielt haben, den sie nach 1945 hatten.« Und er fügt hinzu: »... unsere Musiktradition basiert für mich nach wie vor im weitesten Sinne auf harmonischem Denken, und wenn das wegfällt, schalten wir als Hörer ab ... Wir haben das Publikum über vierzig Jahre vernachlässigt und beschweren uns nun, daß es nur Seifenopern hören will.« Oder »Klassik-Radio«, »Herz-Schmerz«, Dudelfunk ...

Diese Realität spiegelt sich in der Betonung des »Klanglichen« wider, das seit den siebziger Jahren, von Ligeti bis Schnebel, als Ergebnis sämtlicher Strukturkünste beschworen wird. Der gleichen Realität verdanken schließlich Pärt, Górecki, Penderecki, Glass oder Tan Dun ihre Erfolge. Das ist zwar eine historische Reduktionsstufe gegenüber dem evolutionären Ehrgeiz, aber gleichzeitig eine Wiederentdeckung primärer musikalischer Strukturen. Keine andere Realität äußert sich in den objektiven Umsatzzahlen der U- und Popmusik: Melos, Klang und Rhythmus werden vom Publikum als wesentliche Eigenschaften einer Musik beurteilt, mit der es zu tun haben will. Auch wenn sie dort oft im Sound-Delirium brutalisiert und verfremdet sind, wenn die Trivialität mancher Pop-Schemata nicht über drei Akkorde hinauskommt – es scheint, daß hier nicht allein das billige Instrumentarium der groben Reizmittel triumphiert, sondern auch die Macht alter Archetypen.

Eine kunstvolle tönende Welt zu bauen, das ist immer noch der Anspruch der modernen E-Musik. Aber weil ein großer Teil davon die Menschen offenbar nicht mehr dort erreicht, wo sie U-Musik und Klassik unverändert zur Hingabe zwingt, erwächst ihr ein schwerwiegender Vorwurf. Sie hat ein Terrain preisgegeben, das jetzt Historie und U-Musik besetzen. Die eine aus Gewohnheit und semantischem Gewicht, die andere als leichtes Konsumgut und musikalische Grundwerteversorgung. Kein Wunder, wenn die Beatles die Stelle besetzen, die früher vielleicht Mozart innehatte, wenn Hildegard von Bingen in der Konkurrenz mit Helmut Lachenmann siegt, und Tschaikowsky gegen Stockhausen. Ob das ein historischer »Fortschritt« ist oder gar eine kulturelle Errungenschaft, fragt nur der, dem der hemmungslose Glaube an die Evolution die Mühe einer kritischen Diagnose ersetzt.

Die ästhetische Landnahme der U-Musik im brachliegenden Terrain der Bedeutungen ist ein prächtiger Mehrwert für die Medien. Repertoire, Vermittelbarkeit, sprich: Popularität und Markt profitieren davon immens.

Eine wichtige Rolle spielt dabei, daß die Wirkung der Popmusik, damals wie heute, weniger aus der »Festigkeit« eines autonomen musikalischen Satzes entsteht, sondern mehr durch die »Aufladung« meist einfacher musikalischer Grundelemente mit den assoziativen, projektiven Feldern von Stimmungen und Befindlichkeiten. Damit wird sie zum idealen Spielball der Vermarktungsstrategien. Das geht vom entspannenden Easy Listening bis zum melodramatischen Frank-Sinatra-Existentialismus, vom leutseligen

James-Last-Sound bis zum vitalen Rolling-Stones-Lebens-
gefühl und den Extremen des akustischen Drogenrausches.
Dieser scheint allerdings durch die Ästhetik der *Amplification* und den Ersatz von Melos durch Beat zur akustischen
Bewußtseinsdroge zu werden. Konnte Goethe mit seinem
»Werther« bereits (ungewollt) vornehme Frauenzimmer
und idealistische Jünglinge ins Wasser treiben, kann Wagner noch heute besinnungslosen Rausch von der Wohnkü-
che bis zur Hochfinanz erzeugen, dann wundert es nicht,
wenn Michael Jackson oder die diversen Teenie-Popgrup-
pen die Psychologen der narkotisierten Youngster-Klientel
in Atem halten. Der Suchtcharakter musikalischer Moden
und die Suchtaffinität vieler Gruppen verweist aber nur auf
die psychologischen Grundwirkungen von Musik überhaupt. Zwischen den Extremen süchtiger Abhängigkeit
und berieselter Dickfelligkeit aber liegen die Wonnen der
Gewöhnlichkeit. Es ist die Macht des kleinsten gemeinsamen Zeitgeist-Nenners, unter der sich »Hoch« und »Sub«,
Weihe und Gosse als »Entertainment« treffen. Wenn Gérard Mortier lieber Tina Turner hört als Luciano Pavarotti
und Hans-Jürgen von Bose lieber ein Musical von Lloyd
Webber als Helmut Lachenmann, dann zeigt das, worauf
man sich heute immer einigen kann: auf den musikalischen
Unterhaltungswert.

Viele Konzertprogramme setzten das als Regiekonzept bereits um. Bei den ausverkauften Konzerten der Crossover-
Geigerin Vanessa Mae geht Vivaldis »Sommer« aus den
»Vier Jahreszeiten« in Gershwins »Summertime« über. Ein
ungenanntes Orchester eines ungenannten Dirigenten begleitet zusammen mit einer benannten Solistin, der Mutter
des Jungstars nämlich, am Synklavier. Dazu sorgt die Regie
der Plattenfirma für den Kleiderwechsel, mal zwischen den
Nummern, mal bei einer anschließenden Teenie-Moden-

schau. Verbindende Texte mit bedeutsamen musikalischen Hinweisen entzücken die Fans. Beifallsstürme, Blumen und Begeisterungstaumel auf den 120-Mark-Plätzen.

Aber kann man einem naiven Jungstar und seinen gerissenen Promotern einen Vorwurf für ein Drehbuch machen, dessen »Classic-goes-Pop«-Regie sich inzwischen auch die Stars der Hochkultur bedienen? Die Open-air-Konzerte der »Drei Tenöre« in Deutschland mit Devotionalienverkauf und Galadinner wurden nachträglich von der GEMA als »Unterhaltung« eingestuft. Deshalb forderte sie jetzt zwei Millionen Mark Abführung, und nicht ein Viertel davon, wie bei E-Musik. Das hoffentlich nicht, weil sich der Veranstalter, Matthias Hoffmann, seinen Namen als Rock-Musikveranstalter gemacht hat oder weil allein der weltweite Kartenverkauf 300 Millionen Mark einbrachte. Nein, weil nur mit dem Szenario der Unterhaltungsregie Pavarottis verständlicher Ehrgeiz erfüllbar ist, endlich mit ernster Musik das zu verdienen, was die Pop-Musiker schon lange bekommen.

Die Musikprogramme von Rundfunk und Fernsehen, besonders bei den Privatsendern, stellen die Verabreichung der Klassik längst unter die »U«-Regie. Schönklang, Mood-Konzept, Stimmungsbeschwörung von »Musik für gewisse Stunden« bis »Kuschelklassik« sind die Erfolgsgaranten. Die (vorproduzierte) Moderation reicht im hyperstilisierten Tonfall musikalische Leckerbissen und Häppchen und mischt Staraura mit Anekdötchen zum kulturellen Chi-chi mit Goldrand: keine Angst vor den Furien in der Wahnsinnsarie Lucia di Lammermoors, der verzweifelten Ironie eines sinfonischen Mahler-Satzes oder dem katastrophalen Niemandsland einer Pettersson-Sinfonie! Natürlich auch keine Transzendenzvermutung in einem Beethoven- oder Bruckner-Adagio und erst recht keine falsche Scheu beim lustigen Mozart, der doch die Bäsle-Briefe geschrieben hat. Das »Requiem« paßt zu diesem Peter Pan der Musikgeschichte seit Shaffers »Amadeus« ohnehin nicht mehr. Die »Matthäus-Passion« schließlich ist schon lange neutralisiert als Vorführung der letzten »originalen« Aufführungspraxis. Höchstens die Artistik eines neuen Countertenors bringt noch einen Kick.

Kann die Klassik Schonung erwarten, wenn sogar die Fakten-Bezirke der Medien unter die bengalische Beleuchtung der U-Regie geraten? Nachrichten und Fernsehmagazine realisieren mit ihrem »Infotainment« bereits die zeitgemäße Symbiose von Fakten und Unterhaltung. Darf Wissenschaft nicht belustigen, müssen Bärte, Zeugen und Blutspuren echt sein, oder kann man Morde, die von der Weltmeinung gebraucht werden, nicht »faken«? Hier stand das »Docudrama«, das Glenn Gould so leidenschaftlich pflegte, bei der Produktion der passenden, aber falschen Bilder und *Fakes* in der inszenierten Medienrealität Pate. Um deren Lieferung werden die ersten Prozesse geführt. Aber der Zulieferer (Filmemacher Michael Born) verteidigt sich: »Nach Authentizität bin ich nie gefragt worden.« Was früher altmodisch unter »Scheckbuchjournalismus« lief, wird jetzt zu jener »Bigger-than-life«-Ästhetik, die bereits in der musikalischen Studiologik den Maßstab des 1:1 zur Vorlage spielend übertraf. Sie brilliert als elegante »Kunst« der digitalen Animation zwischen Spielbergs Dinos und Emmerichs Explosion des Weißen Hauses: die visuelle Entsprechung zur artifiziellen Sound-Amplification. Wozu Originale, wenn die Faksimiles besser sind? Das Simulationszeitalter ist längst eröffnet. Die Frage nach der »Referenz« der digitalen ästhetischen Wirklichkeit findet eine überraschende Lösung abseits jeder Erkenntnistheorie: Die »Referenz« ist das *mediale Inszenierungsinteresse.*

Dessen Motiv aber ist mehr als je der Marktwert. Die Live-Kultur, der »Event-Tourismus« von den Luna-Parks bis zu den Musicals, von den Hochkultur-Festspielen bis zu den »Drei Tenören« im Open-air rechnet mit dem »kulturellen Standortfaktor« und der »Umwegrentabilität«, die gegen Subventionen und Sponsorengelder aufgerechnet werden.

Die Medien aber rechnen auf die Werbeeinnahmen. Die wiederum richten sich nach den Einschaltquoten. Damit entsteht ein neues Bewertungssystem für kulturelle Leistungen. Es gibt keinen Grund mehr, sich zu entrüsten, daß eine bekannte TV-Talkmasterin 1996 110000 Mark für ihre eine Million Mark teure Sendung erhält und ein Sängerstar an der Bayerischen Staatsoper höchstens 32000 Mark, Celibidache für Hochkultur nur 45000 Mark pro Konzert, ein Friedrich Gulda 50000 Mark oder ein Lorin Maazel 90000 Mark. Denn Celi, Gulda und Maazel *kosten*, Frau Schreinemakers aber *bringt*: Zuschauerquoten – und damit hohe Werbeeinnahmen. Sie betrugen von Januar bis September 1996 17,8 Milliarden Mark, davon 6,86 Milliarden allein für die privaten Fernsehsender. Furtwänglers »Liebesgemeinschaft« von Künstler und Publikum verwandelt sich zum quotentollen Kommerzverbund.

Die Technik als autonome Meta-»Kunst« oder:
Sehen besiegt Hören

Werfen wir noch einen letzten Blick zurück auf das Panorama der Musikgeschichte bis zum Anbruch der digitalen Medienmoderne.

Der Umbruch gegen Ende des 18. Jahrhunderts veränderte die Musikkultur, weil mit ihm das »Zeitliche« in das Komponieren und das öffentliche Musikleben einbrach. Einmal als Geschichtskult, dann aber als gravierende Umformulierung des musikalischen Satzes. Je weiter diese fortschritt, desto mehr Raum gewann der musikalische Historismus im Musikleben. Die rasante Entwicklung der Satzlogik spaltete im Konzertleben eine anfänglich friedliche Koexistenz von »alt« und »neu« und führte zu einer langsamen Entkopplung von Struktur und menschlichem Mitvollzug. Eng damit war ein anderer Prozeß verbunden: das Auseinanderfallen einer einheitlichen »Musiksprache« in »ernste« und »leichte« Musik als Folge eines Zerfalls des musikalischen Satzes. In ihm waren, bei Palestrina oder Bach anders als bei Haydn und Mozart, aber immer in ausgewogener Verbindung, Melodie, Harmonie und Rhythmus stabil gebunden. Ihre Abspaltung entweder als dominante Melodie oder als Klangszenario farbig ausinstrumentierter Harmonie oder als scharfer Beat bedeutete Reduktion und den Zerfall in Einzelschichten. Der Aufspaltung des Satzes korrespondiert in merkwürdiger Parallele der weitere Zerfall der Musikkultur in Teilkulturen: nach »alt« und »neu« jetzt in »oben« und »unten«. Er geht vor allem von der Dynamik der neuen »leichten« Schicht aus. Ihre Besetzung nach den ästhetischen Bedürfnissen des aufkommenden Massengeschmacks und ihre fortschreitende Kommerzialisierung führen zur modernen Unterhaltungsmusik. Die Entwicklung der zeitgenössischen E-Musik zu höchst individuellen Strukturen von rigoroser ästhetischer Autonomie, aber mit wenig semantischer Verbindlichkeit verschärfte die Spaltung und förderte indirekt den Aufstieg der »U-Schicht«. Die neue Öffentlichkeit der Medien bemächtigt sich ihrer und entwickelt sie nach kommerziellen Gesichtspunkten weiter. Von da aus wirken ihre Konzepte auf alle Bereiche: Quoten, Vermarktung und ein immenser Programmbedarf werden zu wichtigen Kriterien des medialen Musiklebens, die »Unterhaltung« vom »Feel-good«-Faktor bis zur Spaßkultur zu einer neuen Geschmackstendenz.

Spätestens da schreibt eine andere Macht die Musikgeschichte mit: die Technik. Ohne sie gäbe es weder die elektronische Philharmonie noch den medialen Interpretationskult, weder eine virtuelle Computerklangwelt noch die digitale Arena multimedialer Vernetzung. Sie ist zwar »nur« die materielle Voraussetzung, ein scheinbar beiläufiges, dienstleistendes Instrumentarium, tatsächlich aber der Atlas-Riese, der das Gebäude trägt – und der geheime Regent des ganzen bunten Szenarios.

Als stiller Agent der Perfektion und des idealen Schönklangs hat sie sich in der Studio-Ästhetik nützlich gemacht. Als Pate der historischen Aufführungspraxis hat sie sich profiliert, als Motor ihrer Dynamik und des schnellen Wechsels der aufführungspraktischen Schulen beträchtliche Verdienste erworben. Als auratischer Träger priesterlichen Starkults der Spitzenstars im heimischen HiFi- und TV-Konzertsaal ist sie zum mächtigen und profitablen Kulturinstrument aufgestiegen. Als digitales Artefakt ist sie schließlich für die E-Musik immer bedeutsamer, für die U-Musik völlig unentbehrlich geworden. Sie diktiert mit ihren Innovationen das Tempo der ästhetischen Evolution und den Wandel künstlerischer Normen: Alle Schritte, von der Schellackplatte zur stereophonen LP und von der CD zum kommenden Multi-Datenträger, der wiederbespielbaren CD, dem Verbund mit den visuellen Medien und den künstlichen Soundtechnologien, erweisen sich immer als Schübe von ästhetischer *und* kultureller Bedeutung. Mit der LP stieg die Studio-Ästhetik zur Klang- und Perfektionsnorm auf, mit der CD entstanden die digitale Klangwelt und ein völlig neuer Markt, mit den kommenden Schritten von persönlicher, interaktiver Programmgestaltung (»Music on Demand«), der multimedialen Hochzeit und globalen Vernetzung kommt zum größeren Markt weltweiter Verwertung noch die Aufspaltung der Teilkulturen in immer individuellere Zielgruppen hinzu.

Entscheidend ist, daß die Technologie zwar als »Dienstleister« eingesetzt wird und damit scheinbar als Instrument höherer Strategien, aber letztlich aus autonomen Kräften agiert. Wie in so vielen Bereichen der Moderne, in der Gentechnik, der Medizin, der Teilchenphysik, der Waffentechnologie oder dem neuen Boom der Kommunikationsmittel wirkt sie kraft ihrer Eigendynamik und den in ihr selbst liegenden Entwicklungstendenzen. Auch die Kürze technischer Innovationszyklen entspringt ihrer eigenen Autonomie. Was jeweils »machbar« ist, ist immer eine technische Frage, nie eine konzeptionelle. Und was machbar ist, wird früher oder später auch gemacht. Die klugen Debatten der Philosophen und Historiker, der Künstler und Kulturkritiker wirken wie die Fußnoten zum Haupttext. Philosophie, Geschichte oder Soziologie haben ihr Definitionsmonopol längst an die Technik abgegeben, momentan im Verbund mit den aufblühenden Biowissenschaften. Sie analysieren und moralisieren über eine Prozeßdynamik, die weder ihren klassischen Reflexions- und Erkenntnismethoden folgt noch ihrer bedarf. Vor allem finden sie stets *post festum* statt: Was technisch erfunden wurde, »existiert« und kann höchstens durch Gesetze oder Kosten behindert werden, und beides sind höchstens temporäre Hindernisse. Der Diskurs zwischen den ungleichen Mächten vermag nichts, er begrenzt nicht und steuert nicht. Bestenfalls erleichtert er die öffentliche Verdauung dessen, was auch ohne ihn »Realität« geworden ist.

Die Dynamik des Prozesses ist so vital, daß sich die Frage

stellt, ob nicht hier, bei Naturwissenschaften und Technik, die wirklichen schöpferischen Kräfte und innovativen Potentiale unserer Zeit liegen: »Heute stehen nicht die Künste auf dem Zenit, sondern die Naturwissenschaften«, merkt der Kulturphilosoph George Steiner 1996 an. Die Komponisten, Maler und Dichter gehören nicht zu den dominanten Mächten der letzten Jahrhunderthälfte, auch nicht die Ästhetik oder gar das »Schöne als Glanz des Wahren«, noch nicht einmal die Kakophonie als Abbild des Zeitlichen.

Wie autonom das technische Medium ist, war bereits in den Veredelungsstrategien der Studio-Ästhetik zu sehen. Wie selbstreferentiell es ist, zeigten die Verfahren, mit denen in digitalen Aufnahme- und Übertragungsprozessen die Musik als »Signal« behandelt wird – Anlaß genug, den Umstieg von einer Ontologie der Kunst zu einer der Technik festzustellen. Wie sehr die Technik womöglich zur *geistigen Referenz* des Komponierens von Schönberg bis Stockhausen und Xenakis geworden ist, erkennen vielleicht künftige Generationen, wenn sich die Musiktheorie des »analytischen Ich« als Anfang einer Technologisierung des ästhetischen Bewußtseins erweist.

Die technische Evolution hat nach der akustischen Welt die viel kompliziertere visuelle urbar gemacht. Das Rundfunk-Zeitalter »klassischer« Akustik ist vorbei: Film, digitales TV und Video werden, als neue Signaturmächte des visuellen Zeitalters, auch zu Paten der Musik. Das ehrwürdige Symbol alter Rundfunkkultur, die BBC, legte 1996 die Verwaltungen von Rundfunk und Fernsehen zusammen. Die Konjunktur der TV-Musikkanäle und der Video-Clips zeigt den Trend im wichtigen Marktbereich der U-Musik.

Das kann auch die E-Musik mit dem Imago großer Musiker oder Konzertaufführungen bereichern, die wir sonst nie zu Gesicht bekämen. Der sprühende Bruno Walter, der imperatorische Toscanini, der asketische Mitropoulos, der präzise Reiner, ein metaphysischer Furtwängler, eine erschütternde Callas oder ein brillanter Rubinstein als Dokumente lebendiger Bild-Erinnerung und nicht nur als Klangikonen vergangener Epochen (wie beispielsweise in der Videoproduktion »The Art of Conducting« von Teldec). Dazu die Konzentration eines Günter Wand oder die intellektuelle Souveränität eines Michael Gielen, die Analytik eines Pierre Boulez oder die Ekstasen von Leonard Bernstein als Studien dirigentischer Physiognomien. Sogar Sergiu Celibidache ließ sich herab, mehreren Video-Produktionen zuzustimmen (wie etwa der Sechsten, Siebten und Achten Sinfonie von Bruckner bei Sony und der »Symphonie classique« von Prokofieff bei Teldec). Schließlich ist die Opern- und Ballettproduktion auf Video die einzige Möglichkeit, Musik, Bühne und Regie außerhalb der Vorstellung zu erleben.

Aber wie leicht wird das Hörerlebnis Musik zum pointillistischen Bilderreigen schöner Momente und weniger schöner der Tonerzeugungs-Physiologie, wenn es nicht eine Personality-Show großer Dirigenten im Stile Karajans ist. Erst wenn die Berliner Philharmoniker auf dem Fernsehschirm musizieren, bemerkt man, wie sehr sich die Reproduktion des optisch-akustisch kompletten Konzerts vom tatsächlichen Musikerlebnis unterscheidet. Die anatomisch präzise Vorführung der Mühe des Trompeters mit dem richtigen Lippenansatz, die schweißtreibenden Exerzitien des Primgeigers oder der instabile Kehlkopf der Sopranistin sind zwar real, aber sie vermitteln in ihrer Isolierung einen Musikbegriff, der nichts mit dem integralen Erlebnis »Musik« zu tun hat: Musik wird *bebildert*. Das allerdings enthüllt nur die Klassik, während die Videoclips und die TV-Musikkanäle die neue Ästhetik feiern. Hier wird die Musik – reduziert auf ihre semantischen Basiselemente, aber wild potenziert durch die Sound- und Rhythmus-Kulisse – zum Mitspieler einer High-Tech-Multimedia-Inszenierung. Bei ihr konvergieren akustische und visuelle Höchstreize unter der Regie einer technischen Ästhetik. Nichts anderes geschieht im Sound- und Lightdoping in den Katakomben der Disko-Szene. Ob sie dort dient, agiert oder herrscht, bleibt beliebig vor der neuen Kulisse des elektronischen Designs.

Hier scheint ein neuer Aura-Transfer im Gange zu sein, der, vielleicht bald ergänzt durch persönliche Digital-Regie am Media-Computer, die Musik in ganz andere Bereiche überführt.

Die Auswirkung dieser Ästhetik zeigt sich längst in der akustischen Animation der Werbespots, aber sie hat auch die Oper erreicht. Nicht die Musik, sondern das Bildszenario der Regisseure wird mehr denn je zur entscheidenden Werk-Exegese. Kein Zufall, wenn am Musiktheater der Hochkultur immer öfter Filmregisseure inszenieren und filmische Techniken die Synthesizer-Keyboards im Orchester ergänzen. Das geht bis zu den konkreten Requisiten des TV-Zeitalters (wie etwa bei Peter Sellars' Produktionen von Messiaëns »Saint François d'Assise« in Salzburg 1992 oder Debussys »Pelléas et Mélisande« in Amsterdam 1993).

Der Aura-Transfer geht zu einem Medium mit höherer Informationsdichte und größerer semantischer Wertigkeit. Das optische, besser: das »telegene Image« löst folgerichtig das akustische der alten Studio-Ästhetik ab. Mit der Verbindung zur digitalen Computerwelt wird weiter transferiert. Regisseur Peter Greenaway kündigt an: »Mein nächstes Projekt wird gleichzeitig als Film, als Fernsehserie, als CD-Rom und im Internet stattfinden.«

Das ist nichts anderes als eine konsequente Fortsetzung der technisch inszenierten Studio-Logik. Daß amerikanische

Präsidenten ihr Land und die Welt überzeugen, weil sie perfekt dem telegenen Image entsprechen, während sie im realen Leben ohne Sprechzettel und Souffleur keinen längeren Gedanken formulieren können, erschreckt vielleicht nur die Politologen: »Telekratie« statt Demokratie heißt das Schlagwort. Wenn aber die Zuschauerquotenmessungen deutscher Fernsehsender ergeben, daß reine E-Musik-Sendungen und Konzertübertragungen (mit Ausnahme des Neujahrkonzerts aus Wien) zu einem notorischen Wegzappen führen und damit zu einem dramatischen Quotenabfall, dann muß es auch die Philosophen erschrecken. Denn Quotenkiller werden aus dem Programm entfernt. Es zeigt mit irritierender Deutlichkeit, daß das tiefste Wesen der Musik ein völlig anderes ist als das der optischen Medien. Weil aber diese und nicht jene den Zeitgeist regieren, signalisiert das eine weitere Kulturmetamorphose.

Die Redensart vom Gegensatz zwischen »Ohren«- und »Augenmenschen«, historisch greifbar an den vielen blinden Organisten oder schwachsichtigen Musikern früherer Jahrhunderte, wird zur abgründigen Kultur-Metapher, denn wir ersetzen das Hören durch das Sehen.

Die Musik hat keine Wahl. Sie muß mitspielen im neuen Szenario. Der Umstieg von der ontologischen Welt der Kunst zur technischen ist aber kaum eine freundliche »Aufforderung zum Tanz«, sondern die Vereinnahmung für mehr Strategien als je zuvor. Die in der Klassik gewonnene Autonomie macht die Musik nicht unabhängig, sondern zu einem frei verfügbaren Objekt aller möglichen Konzepte. Ihnen dient der Zerfall des klassischen, »festen« Satzgefüges in seine Einzelteile ebenso wie die Atomisierung des Musiklebens in viele Teilkulturen, von den historischen und den ästhetischen Hoch- und Sublagen bis zu den losgelösten Klangspezereien der »Weltmusik«. Das kann man als demokratische und wohlfeile Zugänglichkeit preisen, als faszinierende Vielfalt der Stile, Idiome und Lesarten in einer kulturellen Weltsynopse ohnegleichen, als Triumph der technischen Machbarkeit aller ästhetischen Utopien. Es kann aber auch eine Gefährdung sein für die Musik als Stimme des Menschen und Kulturäußerung aus eigenem Recht. Sie wird als Klangware und Stimmungsgut ein fremdbestimmtes Versatzstück in vielerlei Netzen, Programmspielen und Transformationen. Dort wird ihr in digitale Punkte aufgelöstes Imago zu einer elektronischen Portion im unbegrenzten Meer der Daten: Die Verwandlung von *Wahrheit* in *Information*.

Das einmalige menschliche Musizieren wird zum elektronischen Double, das alte Hörerlebnis als Möglichkeit der Sinn- und Welterfahrung zum inszenierten Faksimile: Medium für eine Bewußtseinsveränderung mit unbestimmtem Ausgang und verschwimmender Referenz. Die menschlichen Inszenierungskonzepte werden durch die technischen abgelöst: »Musik verschwindet« (Sergiu Celibidache).

Das könnte leicht eine neue Stufe von Autonomie- und Authentizitätsverlust im Projekt der Moderne sein. Hier definiert uns die Technik unser Leben längst in seine Surrogate um: Natur in Naturschutz, Nahrung in Food-Design, Glück in Designerdrogen, Leben in mediale Inszenierung, den Menschen in den genetisch kontrollierten Homunculus. Ist das schon die »Überwindung des Menschen als letzte Realisierung der neuzeitlichen Utopie« (Robert Spaemann)? Auf jeden Fall ein Schritt zur metaphysischen Täuschung des menschlichen Ohres als sensiblem Mittler psychischer Phänomene und Wahrnehmungsorgan von Schopenhauers »innern Wesen, des Ansich der Welt«. Die Technik vermag, spielerisch oder gezielt im Design, aus dem alten musizierenden *homo ludens* und dem konstruierenden *homo faber* leicht den sinnblinden *homo xerox* zu machen. Das wäre der Weg vom Sound-Zombie zum Seelen-Zombie: »Ohne *Medium* ist das Leben ein Irrtum«.

In dieser Metamorphose jenen musikalischen Sinn zu bewahren, durch den sich der Mensch als *Seelenwesen* definiert, darauf wird es ankommen. Sonst wird womöglich die Fülle zum Verdikt: So wenig Musik war nie.

Register